ज्ञानेन्द्रपति

ज्ञानेन्द्रपति का जन्म झारखण्ड के एक गाँव पथरगामा में 1 जनवरी, 1950 को एक किसान परिवार में हुआ। उच्च शिक्षा पटना में हुई। विश्वविद्यालयीन जीवन में छात्र-राजनीति और जन-संघर्षों में खासे सक्रिय रहे। दसेक वर्षों तक बिहार सरकार में अधिकारी के रूप में कार्य करने के बाद नौकरी को 'ना करी' कहा और बनारस में रहते हुए अपना पूरा समय लेखन को समर्पित कर दिया।

स्वभाव से विनम्र किन्तु दृढ़, ज्ञानेन्द्रपति अभय और करुणा में पगे, जीवन्त, प्रेमिल, खोजी, यायावर, और धरती धाँगने के अभ्यासी हैं। शतरंज से भी उन्हें खासा लगाव है।

उनकी प्रमुख प्रकाशित कृतियाँ हैं—'आँख हाथ बनते हुए' (1970), 'शब्द लिखने के लिए ही यह कागज बना है' (1981), 'गंगातट' (1999, 2022), 'संशयात्मा' (2004), 'भिनसार' (2006, 2023), 'कवि ने कहा' (2007), 'मनु को बनाती मनई' (2013), 'गंगा-बीती : गंगू तेली की ज़बानी' (2019), 'कविता भविता' (2020), 'प्रतिनिधि कविताएँ' (2022), प्रकृति और कृति (2023) (कविता-संग्रह); 'एकचक्रानगरी' (2022) (काव्य-नाटक); 'पढ़ते-गढ़ते' (2005) (कथेतर गद्य)।

'संशयात्मा' के लिए ज्ञानेन्द्रपति को वर्ष 2006 का 'साहित्य अकादेमी पुरस्कार' प्रदान किया गया। समग्र लेखन के लिए उन्हें 'पहल सम्मान', 'शमशेर सम्मान' और 'जनकवि नागार्जुन स्मृति सम्मान' से सम्मानित किया जा चुका है।

संशयात्मा

ज्ञानेन्द्रपति

राधाकृष्ण पेपरबैक्स

राधाकृष्ण पेपरबैक्स में
पहला संस्करण : 2025

राधाकृष्ण पेपरबैक्स : उत्कृष्ट साहित्य के जनसुलभ संस्करण

राधाकृष्ण प्रकाशन प्रा. लि.
जी-17, जगतपुरी, दिल्ली-110 051
द्वारा प्रकाशित

शाखाएँ : अशोक राजपथ, साइंस कॉलेज के सामने, पटना-800 006
पहली मंजिल, दरबारी बिल्डिंग, महात्मा गांधी मार्ग, प्रयागराज-211 001
1, अनमोल सोराबजी सन्तुक लेन, धोबी तलाव, मरीन लाइंस, मुम्बई-400 002

वेबसाइट : www.radhakrishnaprakashan.com
ई-मेल : info@radhakrishnaprakashan.com

विकास कम्प्यूटर एंड प्रिंटर्स
ट्रॉनिका सिटी-201 102
द्वारा मुद्रित

मूल्य : ₹350

SANSHYATMA
Poems by Gyanendrapati

ISBN : 978-93-48157-02-7

चाक पर रखी धरती जिसके बगैर भी घूम रही है
लेकिन उदास-उदास

—कवि सखा अक्षय उपाध्याय
की
अक्षय स्मृति को

क्रम

इस बीच

इस बीच
जिस सड़क पर
तुम नहीं चले हो
समय का बूढ़ा बैल चला है
छोड़ता खुरों के बराबर गड्ढे
वर्षा की हथेली ही जिन्हें करती है समतल

इस बीच जिन सुनसानों में
तुम नहीं चले हो
समय का बूढ़ा बैल चला है
नित नई जिसके हल की फाल
खींचती सड़कों की रेख।

गाँव का घर

गाँव के घर के
अन्त:पुर की वह चौखट
टिकुली साटने के लिए सहजन के पेड़ से छुड़ाई गई गोंद का गेह वह
वह सीमा
जिसके भीतर आने से पहले खाँस कर आना पड़ता था बुजुर्गों को
खड़ाऊँ खटकानी पड़ती थी ख़बरदार की
और प्राय: तो उसके उधर ही रुकना पड़ता था
एक अदृश्य पर्दे के पार से पुकारना पड़ता था
किसी को, बग़ैर नाम लिये
जिसकी तर्जनी की नोक धारण किये रहती थी सारे काम, सहज,
शंख के चिह्न की तरह

गाँव के घर की
उस चौखट के बगल में
गेरू-लिपी भीत पर
दूध-डूबे अँगूठे के छापे
उठौना दूध लाने वाले बूढ़े ग्वाल दादा के—
हमारे बचपन के भाल पर दुग्ध-तिलक—
महीने के अन्त में गिने जाते एक-एक कर

गाँव का वह घर
अपना गाँव खो चुका है
पंचायती राज में जैसे खो गए पंच परमेश्वर
बिजली-बत्ती आ गई कब की, बनी रहने से अधिक गई रहनेवाली
अबके बिटौआ के दहेज में टी.वी. भी
लालटेनें हैं अब भी, दिन-भर आलों में कैलेण्डरों से ढँकीं—
रात उजाले से अधिक अँधेरा उगलतीं
अँधेरे में छोड़ दिये जाने के भाव से भरतीं
जबकि चकाचौंध रोशनी में मदमस्त आर्केस्ट्रा बज रहा है कहीं, बहुत दूर, पट भिड़काए
कि आवाज़ भी नहीं आती यहाँ तक, न आवाज़ की रोशनी, न रोशनी की आवाज़
होरी-चैती बिरहा-आल्हा गूँगे
लोकगीतों की जन्मभूमि में भटकता है एक शोकगीत अनगाया अनसुना
आकाश और अँधेरे को काटते
दस कोस दूर शहर से आने वाला सर्कस का प्रकाश-बुलौआ
तो कब का मर चुका है
कि जैसे गिर गया हो गजदन्तों को गँवाकर कोई हाथी
रेते गए उन दाँतों की ज़रा-सी धवल धूल पर
छीज रहे जंगल में,
लीलने वाले मुँह खोले, शहर में बुलाते हैं बस
अदालतों और अस्पतालों के फैले-फैले भी रुँधते-गँधाते अमित्र परिसर
कि जिन बुलौओं से
गाँव के घर की रीढ़ झुरझुराती है।

मिट गए मैदानोंवाला गाँव

मिट गए मैदानोंवाला गाँव
कस्बे की पान-रँगी मुस्कान मुस्काता
जै राम जी की कहता है
डूबती तरैयाँ और डूबती बिरियाँ निकलता था जो दिशा-मैदान के लिए
और अब जिसकी किसी भी दिशा में मैदान नहीं
गाँव ने मैदान मार लिया है
शहर बनने की राह में
अपना मैदान मार दिया है

चौराहे की गुमटियों में
मटियाली बीड़ियों के मुट्ठे
सफेद सिगरेटों के रंगीन पैकिटों में बदल गए हैं

सड़क के दोनों तरफ
प्राय: पक्के मकान
शेष जो हैं वे भी कच्चे नहीं, अधपके हैं

बचपन के दोस्त
असमय अधेड़
सुखी सफल गंजे

उनकी आँखों में झाँकता हूँ
आँखों उठाता हूँ उनके मन का बन्द शटर
गाँव का मिट गया मैदान वहाँ मिल जाए अँजुरी-भर जल-सा
बचपन के गाँव का ही नहीं, गाँव के बचपन का मैदान
गेंद के केन्द्रबिन्दु वाला
जो पहली बार छिना
जब खुला वहाँ ब्लॉक-ऑफिस
बने कर्मचारियों के आवास
कोने में जहाँ एक पाकड़ था पुराना, वहीं ट्रेजरी
किसी ट्रैजिडी के पहले दृश्य-सा—उत्सव की गहमागहमीवाला

सिरहाने का मैदान गँवाकर
ताका गोड़तारी गाँव ने

नीचे, दूर
वह जो डँगाल था
अधरात जिसे पंजों खूँदते फेकरते थे सियार
आते थे जब गाँव के कुत्तों को कोसने
जुड़ते थे जहाँ हम बस बरस में एक बार
गाँव-भर की होलिका जलाने
लिये हरियर चने का मुट्ठा, भूँजने को अपना होरहा
चरवाहे बच्चों की गुहारें ही जब-तब
जिसका आकाश पक्षियों के साथ करती थीं पार
खुला-फैला वह ढलवाँ डँगाल
बना हमारा मैदान
संझा का
जब हमारी उछलती गेंद से नीचे होता था सूरज
ढलते सूरज को भी जब हम गेंद की तरह उछाल देना चाहते थे ऊपर
हमारी गेंद को गुम कर, गाँव की लालटेनों को
साँवली उँगलियों जलानेवाली गोधूलि को
उतरने न देना चाहते थे
किताब के और रात के पन्नों को खोलने

छिन गया वह मैदान भी कब का
एकाएक नहीं, धीरे-धीरे
कस्बे की आहटों और कसमसाहटों ने
भरा उसका धरती-आकाश

और अब
यहाँ के बच्चों के लिए
मैदान बचा है
टेलिविजन के पर्दे-भर
बस उनके नेत्रगोलकों-भर

मिट गए मैदानोंवाला यह गाँव
रूमाल-भर पार्कों और गोलाम्बरों और खेलनिया न भी तो घुमनिया मैदानोंवाले
नगर में भी तो
नहीं बदलेगा कभी

अधिक-से-अधिक विकसेगा वैसे कस्बे में
जहाँ गली-गली खुलनेवाले
मैदानहीन स्कूलों के आँगन में
खौलते जल की तरह खलबलाते हैं बच्चे
खेल की घण्टी में
बस रविवार की सड़कों पर
बनती उनकी पिच
रह-रह पहियों से पिचनेवाली

स्मृतिशेष मैदानोंवाला यह गाँव
अपने मैदानों को गँवा बैठेगा अन्तिम बार
जब हम गुजरेंगे
मैं और मेरे दोस्त
अपना शिथिल शीश लिये
फैला है जिनके मन की सबसे निचली तह में
सूख गए तालाब की पाँक-सा मुलायम मैदान
दूब और धूप-भरा।

एक आदिवासी गाँव से गुजरती सड़क

एक आदिवासी गाँव
के बीच से गुजरती हुई सड़क
दोनों तरफ आदिवासी घरों की भित्तियाँ जिन पर रखवाली करती हथेली की छाप
गाड़ी की खिड़कियों के शीशों से एक कतार में रगड़ खाती हुई गुजरती हैं
कुतूहलवश आँखें बँधकर जिन्हें देखती हैं
स्मृति में अंकित करती हुई
ओरियानी के नीचे बेदी पर से
अलसाती-सी उठ रही स्त्री की आँखों से मिलती जाती आँखों की एक कतार
उत्सुकता की एक मुद्रा स्मृति में अंकित होती हुई
लाल मिट्टी की भीत के ऊपर छप्पर की जगह दिखती नीलिमा
भित्तियों के लाल रंग से आँजी हुई आँखें जिससे धुलती हैं
कि दिखता है
गड़हे में सूअरों के साथ खेल रहे नन्हे बच्चे

कीचड़ के रंग के बने हुए
सूअरों से अभिन्न
सभ्यता के इस तरफ सूअरों के साथ खेलने के लिए छोड़ दिये गए बच्चे
जिनके तन में केवल आँखें चमकती हैं
मानव-शिशु की आँखों की तरह
अहो! कि जिनसे
मिलकर झुक जाती हैं आँखें

तब दिखता है
इस आदिवासी गाँव के आँगन से गुजरती हुई यह सड़क
अत्याचारियों के गुजरने का रास्ता है
यह इनके पैरों से नहीं बना
यह इनके पैरों के लिए नहीं बना
बड़े-बड़े रोड रोलर आए थे लुटेरे वाहनों के आने से पहले
धरती कँपाते धीरे-धीरे चलते हुए विशालकाय रोड रोलर
महावत की तरह जिन पर बैठा हुआ ड्राइवर
बीड़ी फूँकता
जुड़कर जिन्हें देखते थे बच्चे
रात जबकि जिनसे भारी साँसें छुटती थीं
टँगी हुई जलती थी बहुत मद्धिम ड्राइवर की लालटेन
एक-एक कर बीड़ियाँ बुझती थीं
पिघला अलकतरा पसर कर बनता था रात

फिर आए पीछे-पीछे
अगली सुबहों में
भारवाही वाहन
रिगें क्रेनें
चौड़े पंजर की ट्रकें ट्रेलर लगे ट्रैक्टर
बसें कारें हाकिम हुक्काम
आए तमाम
इस मिट्टी की छाती से
खनिज खँखोरने वाले तातारी लुटेरे

चमक पड़ा मर्म
आदिवासी गाँव की छाती से गुजरती सड़क का
कि हमारी शोषण की सभ्यता का
कि जिसकी बाँह राजधानी से
यहाँ तक यह आई है
लुटेरी बाँह
टटोलती इसकी छाती के कोयले आत्मा का अबरख
यह सड़क
कि यह नहीं राजधानी से बहती आई सभ्यता की नदी
कि इससे नहीं कोई सम्बन्ध
इसके किनारे बसे हुओं का
सिवा इसके कि
पिपासु पहियों के नीचे आ जाते हैं जब-तब
इनके चूजे और बच्चे
और अड़हुल-सा खिला किसी युवती का यौवन रौंदा जाता है
और ताड़ी से भरी लबनियाँ रीछ उतार लेते हैं
भुक्खड़ मानव-रीछ
इनके ताड़ के पेड़ों से
और ढक्-ढक् पी जाते हैं

सड़क का मर्म!
सड़क का समाजशास्त्र!
झारखण्ड के इस आदिवासी गाँव में यह जो
        आती हुई सड़क है—
जाती हुई सड़क है

रात जिस पर चुप चींटियों की तरह कतार
        बना कर
वे जा रहे हैं
ठीकेदार के कारिन्दे के पीछे
बँहगियाँ उठाए
पंजाब का देखने सूर्योदय
जहाँ सूर्य पूरी रोटी की तरह गोल
गेहूँ के खेतों के ऊपर।

झारखण्ड के पहाड़ों का अरण्यरोदन

डबडबा आया है भुरुकवा
पूरब में भिनसार का भान है
चिड़ियों का उजला कलरव जागने से पहले
अँधियारी में एक काली कराह की मद्धिम गूँज है

वह कौन है
इस नीरव झारखण्ड में
अपने कलपने को
अपने भी कानों से दूर
हिरदै की मुट्ठी में कसे हुए?

वे छोटानागपुर के ठिगने पहाड़ हैं
यहाँ के काले दुबले हड़ियल बूढ़े
        आदिवासियों की तरह ही चुप्पा कठिन

नये दिन के लिए वे तैयार कर रहे हैं खुद को
अब आएँगे पर्वतों के पंख काटने वाले वज्रधर इन्द्र के वंशज
अपनी फटफटिया में भड़भड़िया में
और फटाफट धड़ाधड़
चालू हो जाएँगे क्रशर
बारूद की गन्ध फैल जाएगी हवा में
उनके टूटने की गन्ध के ऊपर
और वे बोल्डरों में गिट्टियों में खण्ड-खण्ड हो जाएँगे
चौड़े पंजरों वाले ट्रकों के पेट
टायरों की हवा तक भरते जाएँगे जल्दी-जल्दी
और धीरे-धीरे चमक बढ़ती जाएगी
उन चेहरों पर
जिनकी जेब में उन्हें तोड़ने का पट्टा है—
यानी एक मुहर लगा बेमतलब-सा पर मतलबी कागज
और खुश जो मन ही मन कहेंगे
आज ठर्रा नहीं, विलायती चलेगी

एक नया दिन
कि पुराना दिन
है इन प्राचीन पहाड़ों के सामने
तेज हवाओं में जिनकी ठोस काया में भीतर ही भीतर
अभी भी बज उठता है मैग्मा—धरती का वह मूल द्रव्य—जलतरंग-सा
जिनकी आग्नेय चट्टानें
धरती की प्राचीनतम रचनाएँ हैं
हिमालय के पर्वत-वलय जिनके बच्चे-बुतरू
धुँधली आँखें उठाए नेह से निहारते हैं वे
भूकम्प-तरंगें छोड़ती एड़ियाँ उचका नभ में उठते
हिमालय के बर्फीले-गर्वीले शिखरों के युवमाथ

सत्तर करोड़ वर्षों का समय पसरा हुआ है
उनकी काली घिसी हुई देह में
वे पर्वतकुल के आदि पुरुष हैं
बस सात करोड़ वर्ष हुए हैं, इनके कुल-खूँट में
उगी थी हिमालय की कोंपल
विन्ध्याचल तब नाच-नाच उठा था मगन
अरावली पर्वत-मालाओं ने गाए थे सोहर
आशीष दिया था इन पठारों से
आदिपर्वतों ने

ये वही पुरखे पहाड़ हैं जिनके हाड़
आज लालची मानव-गिद्धों का भोजन-भर

पूरब में
डबडबा आया है भुरुकवा
कि जैसे वह छोटानागपुर के छीजते जंगलों, मिटती वनस्पतियों, खँखुरते खनिजों की
आँख हो
कि क्या धरा है भू में
इन भूधरों की छाँह के गुजर जाने के बाद
बस आतप और बिपत।

गाँव के सिवान पर का वनस्पतित भट्ठा

उग आई है घास
खेतों के बीच खड़े ईंटों के भट्ठे पर
लतरें कुछ फैली हैं
व्योम से विहगावलोकन में तो
हरा-हरा सब दिखेगा
लेकिन हम जो बगल से
सामने से
गुजरते हैं
जानते हैं
बनने से पहले ही खँडहर हुआ एक मकान
एक ओर से भसके भट्ठे के पेट से
ईंटें कुछ गई हैं
दिशा-मैदान से लौटते लोगों के हाथों में
गाँव के इस-उस टोले में
एक मकान की अकथ कथा के बिखरे हैं कुछ अक्षर
बल्कि एक ही अक्षर अंकित हर उस ईंट की पीठ पर
हर आँगन में
डगमग जहाँ पाँव, पाँव के नीचे
घर के आगे
बरखा का पानी जहाँ जमता है
डेढ़िया रखी गई हर डग के नीचे
और दुहरी, ओस-सनी राख सँजोए
बड़का पीपल तले
जहाँ राहगीर गाड़ीवानों ने
खोले बैल, उलारी गाड़ी
चूल्हा जोड़ा रात
प्राण-यात्रा के अधबीच
कि गाँव के अकेले शिवाले में भी
नाले के ऊपर
विष्णुपादुका-मुद्रित गेहुँअन फन-सी
शंकर-भक्तों के पदतल के नीचे
वही अक्षराकृति-अंकित ईंट

हर बार जिस पर
यहाँ वहाँ पड़ते हैं पाँव
गाँव-भर के
भरोसे से भरे, आभार छोड़ते
गाँव-भर के, हाँ
लेकिन बस दो हैं पाँव
एक नामालूम अफसोस से जिनका चेहरा उतरता है
थिगली लगे जूतों के भीतर कि सीने के भीतर उठती है हूक
एक अधेड़ देह डगमगाती है
आह सफलता! जो सदा ही छल गई
पाँवों के नीचे ज़मीन रही पोली
उद्यम तो अनथक ही, कहाँ हुआ उद्धार
जीते पातकी, बस अपने हिस्से हार

देखा है मैंने
कभी किसी शाम कभी किसी सुबह
खेतों के बीच खड़े इस हरियाए भट्‌ठे के आगे
मौसम की मारों को गिननेवाली दो आँखों को
मन-ही-मन ईंटें गिनतीं कि अपने दिन गिनतीं
बचे-खुचे दिन

तब सुन पड़ा है मुझको
इस वनस्पतित भट्‌ठे के भीतर
ईंटों के ताँबे का खनकना।

खेवली तक सड़क नहीं आती

खेवली तक
नहीं आती है कोई सड़क
खेवली से
लड़खड़ाती पगडंडियाँ जाती हैं
और फीतों की तरह खुलती पहिया-लीकें
साइकिलों और बैलगाड़ियों और इक्का-दुक्का स्कूटर-मोटरसाइकिलों की

शहर तक
बरास्ते राजपथ
दुबली पहिया-लीकें ग्राम-धूल मिलाती जातीं दूर तक
पक्की सड़क के कोलतार में
ट्रकों और बसों और कारों-जीपों के टायरों से बचतीं पिचतीं
धूलधूसर ही नहीं, कभी-कभी लहूलुहान पहुँचतीं
शहर के दुआरे जहाँ लगे हैं अदृश्य लौह-कपाट
जादुई ढंग से जो कमल की पँखुड़ियों की तरह बन्द होने लगते हैं अनायास
वापस खेवली की दिशा में, रात के पसार में, खो जाने के लिए उन्हें जब
खदेड़ने लगता है सूर्यास्त

जबकि मुख्यालय से
उतनी ही दूर है खेवली जितना मुँह से निवाला
वह मुँह, लपलपाती जीभ वाले एक अजदहे का मुँह
जो खुलकर खींचता है अपना शिकार
और खिंचे आने के सिवा
कोई रास्ता नहीं होता
सड़क हो चाहे नहीं

खिंचे आते हैं मुँहबन्द बोरों में भरे अनाज
और दुधगर बाल्टे
और कामगार लोग

साक्ष्य देने को बच रहते हैं मानव-कंकाल

जो किसी गिनती में नहीं
उनकी संख्या चाहे जितनी हो
क्योंकि खेवली में नहीं है किसी एम.पी. का समधियाना
या किसी मिनिस्टर की ससुराल
भतसार की प्राइमरी पाठशाला में पढ़े बच्चे नहीं बनते हैं आइएएस-पीसीएस
बने तो, प्राय: वे छोटे-मोटे कर्मचारी बनते हैं
मास्टर-हेडमास्टर, स्टेनो-टाइपिस्ट, बाबू-चपरासी, ड्राइवर-खलासी
या फिर किसान
और कोई-कोई कवि भी

तुमने धूमिल का नाम सुना है?
'संसद से सड़क तक' का कवि
बोल्डरों की तरह लुढ़काता-फेंकता था वह अपने शब्द
कुछ बदनीयत दिलों में गड्ढे हो जाते थे
अधिकतर भोरे दिमागों की गड़हियाँ पट जाती थीं

उसकी खेवली तक
कोई सड़क नहीं आती
बरसात शुरू होते ही दुर्गम द्वीप बनी खेवली तक
जब पहुँची नहीं कोई पंचवर्षीय योजना कभी
तो घुटनों तक ऊँचे रबर-बूट पहने
भला क्यों आएँगी
जवाहर रोजगार योजना और इंदिरा आवास योजना सरीखी महीयसी योजनाएँ
उसके सिवान तक कभी
आती हैं केवल रेडियो-केन्द्रों की ध्वनि-तरंगें
और टेलिविजन-परदों के लिए उपग्रह से प्रक्षेपित चित्रावलियाँ
आकाश-मार्ग से
अनवरत

बाट जोहते रहें बाट की
कन्हैया पाँड़े और असलम मियाँ
विपत महतो और सम्पत बिंद
अरार की तरह धसकती रहेगी
रह-रह
उनके हृदय में
पक्की सड़क की कच्ची उम्मीद

भारत-भाग्य-विधाता!
संसद-सौध की सर्वोच्च ऊँचाई से
क्या खेवली दिखती है कहीं
भारत के मानचित्र में?

खेवली!—जिसकी माटी में
उपजते हैं

कवि और किसान
कि भारत के प्राण जहाँ बसते हैं!

जसीडीह स्टेशन के पास

रेल-पथ के समानान्तर
देर से चल रही है एक सूनी साँवली सड़क

अगले किसी बिन्दु पर यह अलग होगी
अपने पदयात्रियों अपनी बैलगाड़ियों को
उनके गन्तव्य तक ले जाने
किसी झीनी-सी बस्ती
किसी झीने-से जंगल
की ओर मुड़ेगी
राजधानी की ओर जाते रेलपथ से पीठ फेर
संथाल परगने की यह दुबली हड़ियल सड़क

अगले उस बिन्दु पर
जब रेल की विजय-दुंदुभि में डूबेगी
राह-किनारे की दो-चार चिड़ियों की चहकार
रेल के खुले दरवाजे से लगा चुप मैं
अपने गाँव की ओर ताकूँगा
जो है इसी सड़क के एक दूर सिरे पर अहर्निश अपनी आँखें खोले।

घड़ियाँ

इस शहर में कितनी घड़ियाँ हैं?

आदमी की कलाई पर और दीवार पर
जूतों पर और दिमाग़ पर
सुनार की हथौड़ियों-सी उठती-गिरती हुई उनकी टिक-टिक

बहुत मद्धिम प्राय: अनसुनी आवाज़
लेकिन उसी में शहर की कष्दमताल का आदेश

कितनी घड़ियाँ हैं
आदमी के सिरहाने और पैताने
अपनी अन्तहीन गिनती कभी नहीं भूलती हुईं
कितनी घड़ियाँ हैं
घड़ीसाज़ों की दुकानों में
शहर में फैल जाने की घड़ी गिनतीं
कितनी घड़ियाँ हैं ठीक इसी पल
कारख़ानों में समयमती होतीं
समय को बाँधतीं एक आजीवन आलिंगन में

घड़ियाँ ताक रही हैं आदमी को निर्निमेष
पल-पल पर निगाह रख रही हैं
कोई चाहिए जो आदमी पर निष्पलक निगाह रखे
वह ईश्वर हो या घड़ी
दूर तक जाए जिसकी परछाईं
गर्भ में बन रहे शिशु के चेहरे की गढ़न तक पर।

बिड़ला के नाम पर एक तारामण्डल है

बिड़ला के नाम पर एक तारामण्डल है
कलकत्ते में
गाँव से अपनी नई आँखों के साथ शहर आने वाले आदमी
अपनी महकती नई देह लिये
मेला लगाते हैं जहाँ
ठठ्ठ के ठठ्ठ
अपना दिशा-ज्ञान भूलने के अचरज से प्रसन्न
एक-दूसरे को देखते हैं
कि जैसे यह दिग्भ्रमित होना हो उतना ही निर्द्वन्द्व
जितना बचपन की घुमरी का चक्कर

दिशाएँ गुँथतीं पूरब से पच्छिम उत्तर से दक्खिन
कि जैसे यह दिग्भ्रमित होना हो उतना ही निर्दोष
जितना देह में आकाश के झूम उठने का स्वाद
रक्त में सोईं अब तक जिसकी रथ-लीकें

बिड़ला के नाम पर एक तारामण्डल है
कलकत्ते में
जिसके गोल गलियारे में टकराते हैं भद्र नागरिक
किसी नये ग्रह की भूमि के जादू से बँधे पाँवों से
जिसके गोल गलियारे से गुज़रते हैं
'हम तुम पर दया करते हैं' की दूरी और कोण पर झुके हुए भद्र नागरिक
जिनकी आस्तीन का अन्तिम सिरा छूता है घड़ी को हरदम
होने को निर्भय
और फुसफुसाता है उनके कानों के पास
जल्दी, जल्दी, जल्दी...

कलकत्ता की एक ट्राम में एक मधुबनी पेंटिंग

अपनी कटोरियों के रंग उँड़ेलते
शहर आए हैं ये गाँव के फूल
धीर पदों से शहर आई है
सुदूर मिथिला की सिया सुकुमारी
हाथ वाटिका में सखियों संग गूँथा
वरमाल

जानकी!
पहचान गया तुम्हें मैं
यहाँ इस दस बजे की भभकभीड़ में
अपनी बाँहें अपनी जेबें सँभालता
पहचान गया तुम्हें मैं कि जैसे मेरे गाँव की बिटिया
आँगन से निकल
पार कर नदी-नगर

आई इस महानगर में
रोजी-रोटी के महासमर में।

कदम-कदम पर

कदम-कदम पर
पोस्टरों से उतरकर
कोई इबारत
हर्फ-ब-हर्फ छपती है
तुम्हारे हृदय पर
कि मस्तिष्क के हृदयस्थल पर
हृद्य हो जाता है
कोई पैकेटबन्द उत्पाद
सुहृद जो नहीं भी हो तुम्हारा
दुकानों के काउंटरों पर उसी का नाम उचरता है
सेल्समैन से आँखें मिलते ही

इसका पूरा हिसाब लगा रखा है उन्होंने
कितने पोस्टर लगेंगे
हर्फ-ब-हर्फ उगने में
उनके दूरन्देश सन्देश को
तुम्हारी मन-पीठ पर
पूरा गणित है उनके पास
कितने कदमों का है यह शहर
इसका पूरा ज्युग्राफिया है मौजूद
चमकते शातिर खल्वाट के भीतर
उनके कम्प्यूटरों के
शीतकक्षों के जो वासी उष्णरक्त

उनके सन्देश की ही आवृत्तियाँ हैं
ध्वनियों में मुद्राओं में
पुनः पुनः
रजत-परदों पर और टीन-पटों पर और रंगीन पन्नों पर और कहाँ नहीं
तुम्हारे नेत्र-तल पर कर्ण-पटल पर

उनके सन्देश की ही आवृत्तियाँ
बुनती हुई तुम्हारे भीतर एक उधेड़बुन
अहर्निश एक उधेड़बुन
कितना विक्रय कर सकते हो अपना
क्रय करने को एक नई दुनिया
कबाड़ी को बेची जा रही पुरानी दुनिया के पलड़े पर
चढ़ा-चढ़ा देते हो खुद को हर बार
और उतर आते हो
पुराने-धुराने अखबारों और टूटी-फूटी शीशियों-बोतलों के ढेरों में
छोड़ कर कभी बचपन की लोरियाँ
कभी नवयौवन के आदर्श
कभी अधपक संकल्प तरुणाई के

बेच-खरीद के इस ज़माने में
जब लोग बेच रहे हैं अपना वर्तमान ही नहीं, अपना अतीत-भविष्य
एक बैंक के मुण्डाकार वाल्ट में से निकलकर
चली आती है आइंस्टाइन की अगाध आँखें
नीलामी पर चढ़ने
उनकी बगल में पिकासो की यशस्वी कूची है
और एल्विस प्रेस्ले का वीर्यस्वी जाँघिया
एक दिन नीलामी की ऊँची टेबुल पर, काठ के हथौड़े के नीचे
कौन जाने जो तुम्हारे बच्चों के अस्फुट मेधावी मस्तिष्क की बगल में हो
वान गॉग का कटा बायाँ कान
और ब्रह्मा का छिन्न पाँचवाँ शीश
ठेठ कपालमोचन से बरामद आयद

बेचो बेचो बेचो खरीदो खरीदो खरीदो
उनके सन्देश के सप्तम स्वर में
डूब गई हैं सारी पुकारें
क्रय विक्रयिक उनके समवेत क्रेंकार में
तुम्हारे मस्तिष्क के खोखले गुम्बद में गूँजते
तेज धुन के संगीत में बिला गए हैं आर्तनाद
जो तुम्हारे चौतरफ मँडराते हैं
तुम्हारी वेदना के केन्द्रबिन्दु पर।

राजधानी में

दिल्ली में
पत्र-समूह के मालिक
उस धन्नासेठ
की बड़ी-सी टेबुल पर
कुर्सी की दाईं बाँह के करीब-करीब सामने
हाथ की आसान पहुँच के भीतर
रखा है जो पिन-कुशन एक
कागज़ों में नत्थी होने को उद्यत पिनों से भरा
उसके मुहाने पर चुम्बक है
गुच्छ के गुच्छ लौहपिनों को वक्ष से भींच रखनेवाला
खींच रखनेवाला

वह केवल लौहपिनों को ही नहीं भींचता
लौहलेखनियों को भी खींचता है
अयस्कांतमणि है वह
शलभों की तरह दूर-दूर से आकर्षित टूटते हैं लेखक जीविकान्वेषी

और बड़-अनबड़ कस्बे
छोटे-मँझोले शहर
सूने हो जाते हैं अपने लेखकों से
कहाँ तो उनका हाल लिखते, अब हाल-चाल भी नहीं पूछते
उन कस्बों-शहरों के अपने लेखक
लौहलेखनियों वाले
जो गुच्छ-के-गुच्छ
मुखचुम्बी नहीं चुम्बकमुख पिन-कुशन से लौहपिनों की तरह
खिंचे-भिंचे पड़े हैं
अँगूठियों-भरी उँगलियों उठ, कागज़ों में नत्थी होने को उद्यत
दाएँ हाथ की आसान पहुँच के भीतर
पत्र-समूह के मालिक धन्नासेठ की
बड़ी-सी टेबुल पर
राजधानी में।

वजन

यह जो
वजन तोलने की मशीन बैठी है
राह किनारे
'वजन जानें' का बड़ा-सा हस्तलिखित शीर्षक
गत्ते के एक टुकड़े पर लगाए
ऊँकड़ूँ बैठे एक बाबा के
पंजों के ऐन सामने

शरीर के वजन से नहीं
सिक्के के वजन से
हिलेगी इसकी सुई
जबकि वह सिक्का
एक बहुत हल्का सिक्का होगा
शरीर से पसीने की एक बूँद की तरह
राह चलते अलग हो जाने वाला

उस नन्हे सिक्के के वजन से
हिलेगी इसकी सुई
और शरीर का वजन बताएगी
शरीर का वजन
आदमी का नहीं
क्योंकि उसमें
शरीर का सुख-भार-भर शामिल होगा, मन का दुख-भार नहीं।

उनके बाथरूम में

उनके बाथरूम में
वाशबेसिन के ऊपर लगे
आईने की छाँव में
रखे हैं दो टूथब्रश
एक लम्बूतरे प्याले में
बस माथ-भर दिखते

मुँह से मिलाए मुँह
दो टूथब्रश

जिस घनिष्ठता का
वे एक छायाचित्र हैं
वह पिचकी हुई ट्यूब में चिपकी हुई टूथपेस्ट-सी
बस ज़रा-सी बची है

उनके मुँह भूल गए हैं चूमना एक-दूसरे को
उन दोनों के मुँह
दोमुँहे हो गए हैं
धीरे-धीरे
बेडरूम में और, ड्राइंगरूम में और

वहाँ, बाथरूम में
वाशबेसिन के ऊपर, आईने के छाँव-तले
एक लम्बूतरे प्याले में रखे उनके टूथब्रश
माथ-भर दिखते
एक-दूसरे के गले लगे खड़े हैं
अफसोस से भरे

आईना उनके अफसोस को दुगुना कर रहा है।

चन्द्रोदय हमने कब से नहीं देखा

चन्द्रोदय!
हमने कब से नहीं देखा

प्राय: उस समय
टी.वी. के किसी-न-किसी चैनल पर
कोई-न-कोई नैनसुख कार्यक्रम चलता रहता है
कोई-न-कोई चन्द्रमुखी
उजागर कर रही होती है
हमारे जीवन का अँधेरा

और कभी जब
देर से घर लौटते
किसी क्षितिजवान सड़क के माथ पर औचक
दिखा कभी नवोदित चाँद, देखता
अनदेखी की हमने
आँख मिलाने से डरे
सड़क पकड़े चलते गए आदतन
कि आँखें मिलने पर पूछना होगा हाल-चाल
अफसोस के दो शब्द कहने होंगे
हो जाएगी अबेर
जबकि जल्दी है आज

जबकि
शुक्ल पक्ष का था वह चाँद
हर दिन अपनी एक कला बढ़ाता
उदार हँसमुख

कृष्ण पक्ष का क्रमशः कृश भी होता वह
अँजोर-भरी होती उसकी अँजुरी
हृदय में न टिकने देती अँधियारा

चन्द्रोदय!
हमने कब से नहीं देखा

चन्द्रोदय! जिसे निहारती है नदी
अपने सूर्य-क्लान्त सीने में उतारती है।

अमरूद का पेड़ मेरा पड़ोसी

अमरूद का पेड़ मेरा पड़ोसी
पके पीले फलों से भरा है

केवल फुनगी पर ही नहीं
नीचे, लम्बाए हाथों की पहुँच के भीतर भी

दिप रहे हैं पके पीले अमरूद

कोई सोचेगा कि यह पेड़ वन में है या वीराने में
दिन में सुग्गे, रात चमगादड़
कुतरते होंगे इसके फलों का गूदा

नहीं
यह अमरूद का पेड़ खड़ा
चलती सड़क के किनारे
एक भरे-पूरे घर के अहाते में
भरा-पूरा घर, गूँजती है जिसमें कभी-कभी
बच्चों की समवेत किलकारियाँ, जब
देर से गई आ जाती है, रविवार की टी.वी. फ़िल्म से ठीक पहले, बिजली
भरा-पूरा घर, होंगे जिसमें कई नौकर-चाकर जरूर
लेकिन हाँ, शर्तिया, एक भी बच्चा नौकर नहीं
अमरूद का यह पेड़ है गवाह
पके पीले फलों से भरा
कि इसकी डालों से
लिपटी नहीं कोई बालक-बाँह जाने कब से

सोचता हूँ मैं
अपने बरामदे में टहलता
कितना अकेला हो गया है मेरे बचपन का गुंजरित अमरूद पेड़
मेरे यौवन के मध्याह्न में, सखाहीन

ये समव्यथी शब्द जो बन सकते समानन्दित गिलहरियाँ
दौड़कर सड़क पार
अमरूद के इस पेड़ पर बस जाने
कि इसका सफल होना सफल हो!

घण्टाघर

नगर में चौराहे पर खड़ा है
एक घण्टाघर

समय-दान करता हुआ
दोनों हाथों
समय उलीचता हुआ
चारों तरफ

उसके गिर्द समय
जल की तरह ठहरा हुआ है—घण्टाघर के चौगिर्द

उसका एक अपना ठहरा हुआ समय है
उस घण्टाघर का
जिसमें वह रहता है
चलती सड़कों के बीच
और उसकी चौपहली मीनार
सुबह-साँझ सुनहली होती रहती है

वह घड़ी-कुल का है बुजुर्ग
आधुनिक युग का बूढ़ा सूत्रधार

लेकिन यह उत्तर-आधुनिक समय है
उसका अन्त नियराया है

नगर के आधुनिकीकरण के नाम पर कुछ लाख रुपये मंजूर हुए हैं
ठेकेदारों की बाँछें खिली हैं
नगरपालिका इसको तोड़कर, इसकी जगह
एक गोलाम्बर बनाएगी
और सम्भवत: वहाँ किसी महापुरुष की पाषाण-प्रतिमा बिठाएगी

इस घण्टाघर की तरह धड़कता हुआ दिल
कहाँ होगा उस पाषाण-प्रतिमा का

इस घण्टाघर के बिना
कितना उदास होगा नगर का मन

लेकिन नगर के तन के सिवा कोई मन भी होता है
यह हम नहीं मानते

लेकिन हमारी कलाई-घड़ियाँ?
हमारी जल्दबाज कलाइयों पर जड़ी हुई घड़ियाँ!
क्या वे उदास होंगी?
और यदि वे उदास भी हों
तो उनके सही समय देने के कारण
हम शक भी तो नहीं कर सकते!

अर्धरथी

वह महाभारत-काल का एक योद्धा है
एक अर्धरथी योद्धा
जिसके रिक्शे पर बैठे अचानक पाते हैं हम
वह एक हाथवाला एक रिक्शावान है
जिसके रिक्शे की हैंडिल की दाईं मूँठ को
फड़फड़ा कर कभी-कभी छूती है
उसकी कमीज की हवा में झूलती दाईं आस्तीन

तीरों की तरह
अगल-बगल से
निकलती हैं मोटरसाइकिलें और कारें
दिशाओं को बींधती

सामने से
चिंघाड़ता आता है
एक ट्रैक्टर विकराल

कोई पर्वा नहीं, चिन्ता फिजूल है
वह महाभारत-काल का एक योद्धा है
एक अर्धरथी योद्धा
एक हाथवाला वह रिक्शावान
जिसकी छाती में जितना जोर है उससे ज्यादा है संकल्प
और
जीवन-युद्ध में किसी और की जय के लिए अन्ततः मरना जिसकी नियति।

मधुशालीन

विलायती दारू की गन्ध
ही नहीं है देह-गन्ध इस नगर की
नहीं जानते वे
जिनकी हर अमावस्या सोमवती अमावस्या होती है
सोम से अपरिचित, सोमरस-डूबी
सोमवती अमावस्या ही जिनकी पूर्णिमा भी

चन्द्रमा तो दूर
उन्हें न तो
आरा मशीन की गन्ध मिली
न बेकरी की

जिस रिक्शे में मदहोश, आँखें अधमूँदे
रात्रिभोजों से मधुशालीन वे लौटते हैं घर
उसके चलवैये के पसीने की गन्ध
कभी उनके नथुनों तक नहीं पहुँची

भले ही वे
घटनाओं में समाचार
और समाचारों में स्कूप
सूँघ लेनेवाले पत्रकार हों
जो सच पूछो तो बस इतना ही जानते हैं
कि पक रहे मांस को
और छप रहे अखबार को
चाहिए गरम मसाला।

जब और अब

जब सर्कस मर रहे थे शहर के छोर पर
उनके तम्बू तोप नहीं पा रहे थे कलाबाजियों की उदासी—
सिनेमाहॉल फिल्मी धुनें गुनगुना रहे थे मदमस्त

पीले पत्तों की तरह झड़ते और उड़ते पोस्टरोंवाले
अब जब वे सड़क किनारे दम तोड़ रहे हैं
लोगों के ड्राइंगरूमों से कैसेटों और कहकहों की आवाज आ रही है...

एक शीशहीन तकिया

मुहल्ले में जरा-सी खुली जो जगह है
बच्चों की क्रीड़ास्थली बड़ों की कूड़ास्थली
आज तिपहरी से वहाँ पड़ा है एक तकिया
रंगीन मैले गिलाफवाला एक मामूली-सा तकिया
लेकिन एक गैरमामूली चीज बेशक
नहीं तो उसे उठाता नहीं क्यों कोई अब तक
जबकि फेंकी गई टूटी चप्पलों को भी यहाँ पहुँचकर
पाँव निकल आते हैं और वे चली जाती हैं
न जाने कहाँ थोड़ी ही देर में
प्राय: तो एक साइकिल पर लटके हुए झोले में
अपनी एवज में किसी बच्चे की धूल-धुली हथेली में
कम्पट-लेमनचूस बन

यह तकिया जिसमें पसीने की गन्ध है और सपनों की
और विटामिन बी काम्प्लेक्स की
एक मृतक के सिरहाने से उठकर आया है
अरथी पर चढ़कर उसके चले जाने के बाद
इसे कोई अशुभ के अन्तिम अवस्थान की तरह यहाँ डाल गया है
शायद घर की स्वामिनी—बहू मृतक की
धाड़ें मारकर जो रोती रही थी बड़े भोर से दोपहर तक

और यह तकिया—रंगीन मैले गिलाफवाला
पददलित हो रहा शीशतलशायी तकिया
सपने लेना चाहता है
सपने के लिए इसे एक सिर की चाहत है
दिन में भी सपने लेने की आदत पड़ गई थी इसे
पिछले कई वर्षों से
हाँ, वे उखड़े-टूटे सपने होते थे

दिखते साफ-साफ पर, धुँधलाती नजर के साथ-साथ
जिनमें पेड़ कटते थे, इमारतें धसकती थीं
चीजें गुम हो जाती थीं अचानक
और खोजे से भी नहीं मिलती थीं
कभी-कभी तो गुम हो जाता था चेहरे में से चेहरा
और वह आईने में भी नहीं मिलता था
हर एपिसोड के अन्त में चिहुँकने की आदत पड़ गई थी
इस तकिये को
उसे आदत क्या लत कह सकते हैं
सपने की लत

अपने नीम अँधेरे सपनगाह से बाहर
इस तकिये की आँखें चुँधिया रही हैं
सिरदर्द हो रहा है
जितनी ही गर्म हो रही है बाहर से देह
भीतर सर्दी लग रही है
कपासात्मा कँपकँपा रही है
एक निश्शीश तकिये का निश्वास भर नहीं
विदड्राअल सिम्पटम हैं ये
नशा हठात् बन्द करने के लक्षण भयानक

इस तकिये को एक सिर चाहिए
आज और अभी

अब आज तो
थोड़ी देर में आएगा अँधेरा
तकिये की तपती आँखों पर रखता हथेली
आज रात
इस मुहल्ले के पास
रात की निढाल गरदन के लिए
एक तकिया होगा फालतू
दिन-भर चाहे किसी भूखे याचक के लिए
पीढ़ा रहा हो या नहीं
एक पत्तल केले का कौन पूछे

सखुये के पत्ते का एक दोना तक नहीं
अकाल किसी चीज का नहीं पर दुर्भिक्ष घोर
कॉलोनी का नाम चाहे अन्नपूर्णानगर ही हो क्यों न!

और सुबह
नगरपालिका की हाथगाड़ी आने से पहले
सवेरे के ही बखत
आएँगे वे—कूड़े के कौड़िल्ला
कन्धे पर बोरे का झोला लटकाए मैले-कुचैले बालक
व्यर्थ और निरर्थ में से सार्थक बीछ-बीन लेनेवाले
सब कुछ समेटने वाले अपने झोले के अहर्निश खाली पेट में
धरती पर झुके चलते दिन-भर
खनिज-परीक्षकों-से
भूगर्भ-रहस्य के अनातुर अन्वेषकों-से

उन्हीं के साथ
शुरू होगा इस तकिये का
दूसरा स्वप्न-जीवन
तब इसे सिर के लिए देर रात का
इन्तजार करना होगा
सुधर जाएँगी आदतें इसकी
थोड़े ही सही सपने होंगे क्या खूब
दुरुस्त होगा तकिया
वाकई!

पते की बात

बदल जाता है पता अक्सरहाँ
आपके दोस्तों रिश्तेदारों का
तिपहिये में बैठे, गोद में एक पुरानी पता-डायरी खोले
राह भर पुरानी निशानियों को अधपहचानते हुए
स्टेशन से सीधे आप पहुँचते हैं वहाँ
जहाँ पता चलता है कि बेशक पता तो यही है लेकिन यहाँ
कोई नहीं इस नाम का

कम से कम पिछले दो सालों से तो जरूर ही
कि तभी बगल के किसी घर से
निकलते हैं दिन-भर बरामदे में बैठकर सड़क अगोरनेवाले
पारसाल रिटायर्ड हुए एक ऊब-उधड़े अधेड़
और बताते हैं कि हाँ, थे तो, बड़े नेक आदमी थे
अपने काम से काम, सबसे दुआ-सलाम
लेकिन तीनेक साल हुए, यह कॉलोनी छोड़ गए वे
मँडुआडीह की ओर अपना एक मकान बनवाया है छोटा-सा
खुला इलाका है, दूर हुआ तो क्या
ठीक-ठाक पता भी बता देता
गृह-प्रवेश का उनका कार्ड भी रखा था दिनों तक
लेकिन आप जानते हैं बच्चों वाले घर की मुश्किल
कल की चीज आज ढूँढे नहीं मिलती
फिर यह तो...
तब तक आप, उन्हें हाथ जोड़, माथा नवा
टेम्पो में बैठ चुके होते हैं, समझ न पाते हुए कहाँ जाने को कहें
चालक को 'यहाँ से चलो' के सिवाय

बदल जाता है पता अक्सरहाँ
और अक्सरहाँ बदला हुआ पता
बतलाता है कि कोई
सामाजिक सीढ़ियाँ चढ़ता ऊपर जा रहा है
कि लुढ़क रहा है नीचे और नीचे
भायन्दर या विरार से
घाटकोपर या अँधेरी होता हुआ
कोई पहुँच जाता है नरीमन पाइंट
और उसे ताकते
आपकी टोपी गिरती है, यदि माथे पर हुई
या फिर गरदन में ख़म पड़ता है

कभी-कभी ऐसा भी होता है
कि पता साबुत रहता है
और आदमी हो जाता है लापता

और कभी एक पता
एक अंधे कुएँ में बदल जाता है
जिसमें गुम हो जाती हैं चिट्ठियों पर चिट्ठियाँ
प्रतिध्वनिहीन
और ऐसा भी होता है
कि वहीं का वहीं होते हुए भी
वही का वही नहीं रह जाता पता
दिनोंदिन पुरानी पहचानों के मरने और नई पहचानों के उभरने
के इस स्मृतिहीन जमाने में,
मसलन, देखिए न, हमारे लेखक मित्र, 'समझ'-सम्पादक डॉ. सोहन शर्मा का
देश-भर में मकबूल
पता : ए-12 दीपसागर, डाकियों को नहीं कबूल
यदि पहले की तरह ही लिखा जाए 'पन्तकी बाग के पास'
अब लिखना होगा 'रीजेंट होटल के सामने'
तभी आपके खत को डाकिया पहुँचाएगा—पहुँचा पाएगा—ठीक-ठिकाने
नहीं तो कोई ठिकाना नहीं कि लौटकर आ जाए आपका खत
यदि आपने भिजवैया पता साफ-साफ ठीक-ठीक लिखा हो
बशर्ते कि इस बीच
वहीं का वहीं ही नहीं
वही का वही बचा रह गया हो आपका अपना पता!

क्षितिज-शोक

एक दिन अचानक
शहर अपना एक और नाखून बढ़ा देता है
उठ आता है आकाश में एक और कंकरीट के कुकुरमुत्ते का शीश

कोई नहीं जानता है
और छिन जाता है
एक क्षितिज
खुलती है जिसमें नगर की मेन रोड
रक्तवाही धमनी की तरह बही आती
हहा कर

खुलते हैं स्कूलों कॉलेजों के हुड़दंगी हुजूम
नगर में प्रवेश करते हुए जुलूस
खरीदारी करके लौटती स्त्रियाँ
मुस्लिम लड़कियों के मदरसों की बग्घियों के घोड़े

कोई नहीं जानता और छिन जाता है
एक क्षितिज
जो रहा है मेरे यौवन का क्षितिज
सखा-सहचर
सड़क के छोर पर खुला हुआ
सड़क पर डालते ही पाँव
उन्मुक्त आलिंगन में
भर लेता हुआ
एक तंगदिल शहर का उदार आकाश
एक अनन्त यौवन का चित्रपट
मुक्ति की लय-लकीर खींचते पक्षी
देर तक रची हुई
एक बुझ नहीं पाते सूर्यास्त की आभा

अचानक बुझ जाता है एक क्षितिज
नागरिकों के अनजाने
उनके सामने
अनुपस्थित हो जाती हैं उनके कंधों के गिर्द पड़ी हुईं
एक आकाश की बाँहें
सदा के लिए।

गुमशुदा की तलाश

प्राय: तो
पहले कोई गुमशुदा होता है
और उसकी तलाश उसकी लाश बरामद होने पर खत्म होती है

कभी-कभी
कोई गुमनाम शव उपला आता है नदी में या सड़क पर
तब शुरू होती है गुमशुदा की तलाश

इसके लिए खोजना होता है उन्हें
जिनका वह कोई था कुछ था
जिन्होंने गुमा दिया है उसे
उन्हें याद हो कि न याद हो
देखें, तो शायद याद आए
इसलिए टेलीविजन के पर्दे पर
दिखाया जाता है एक ऐंठा नीला चेहरा खुली अनझिप आँखोंवाला
रंगों और रंगीनियों को स्थगित कर
एक ब्लैक एंड व्हाइट तस्वीर
मुस्कुराती उद्घोषिका के स्क्रीन से हटते ही

एक ऐंठा नीला चेहरा, रातों-रँगा, खुली एकटक आँखोंवाला
देखता है
कोई भी दो आँखें जो उसे देखकर चमकें, बुझें, भर आएँ

मिलती तो हैं वे दो आँखें
सैकड़ों आँखों से
खोजतीं वे दो आँखें
खँगालती हैं हर मिलनेवाली दो आँखों को

एक उचटती निगाह उस पर डालती हैं निपुण गृहिणियाँ
उस चेहरे पर
भाँपती हुईं कि चित्रहार शुरू होने में देर कितनी है

क्या उतनी देर में बीन लिये जा सकते हैं चावलों में से कंकड़
मन ही मन गिन लेती हैं उन कंकड़ों को
टेलीविजन के सामने से उठती हुई अधमुड़े घुटनोंवाली
गृहिणियाँ गृहकार्यकुशल

एकटक ताकता है एक ऐंठा नीला चेहरा थोड़ी देर
एक अवाक् अन्तराल में कँपकँपाता
वह किसी की बाँहों के बीच से उठकर नहीं आया

एक कुर्सी की बाँहों के बीच तक से नहीं
उसके लिए कौन बाँहें हिलाएगा

सिर्फ एक कवि की कलम हिलेगी
और कुछ लिख न सकेगी
देर तक।

अखबार में एक तस्वीर : शतरंज के खिलाड़ी

यह चित्र
क्या साँड़-युद्ध का दृश्य है?
दो लड़ते हुए साँड़
या साँड़ से लड़ता हुआ साँड़-योद्धा
बस
तस्वीर इतनी-सी ही
कि जैसे जहाज के बाहर गरजता समुद्र
तस्वीर के फ्रेम के बाहर
गैलरियों को गुँजाती उत्तेजित रक्तध्वनि
हाथों की कसी हुई मुट्ठियाँ
जिनमें से किन्हीं में अभी तक
भिंचा गुलियाया टिकट शो का

साँड़-युद्ध?
बाक्सिंग का रिंग?
लहूलुहान थोबड़ा सोनी लिस्टन का
स्मृति में लिथड़ता है अब भी
जबकि मन्द पड़ गई है कब की
मैं महाबली की ललकार
रिंग में न उतरने की घोषणा
पार्किन्सन्स डिजीज से कँपता है हाथ
कि गाण्डीव की डोर कसी नहीं जाती अब

अरे ओ!
कितनी रक्तरंजित स्मृति है तुम्हारी?
ये दो तो

शतरंज के खिलाड़ी
क्लीनशेव्ड, चुप, चुप्पे, आत्मलीन
अपने मस्तिष्क के गुह्य कक्ष में रचते कोई चाल
अकाट्य
आकर्ण खिंची बुद्धि की ज्या

हाँ
तस्वीर के फ्रेम के बाहर
यहाँ कहाँ गर्जनाओं का सागर
रिंग की रस्सियाँ नहीं
काँच का कक्ष यह
रक्तोत्तेजित चीत्कारें कहाँ—साँस की आहट तक नहीं
आहट केवल समय की
वह जो डग भरता देखा जाता है समय की स्तब्धता है
स्तब्ध
तस्वीर के फ्रेम के बाहर हाथ मोड़े हुए चुनिन्दा दर्शक भी

हाँ, शतरंज के खिलाड़ी
साँड़ नहीं, न साँड़-योद्धा
क्लीनशेव्ड, चुप, चुप्पे, आत्मलीन।

सेठिया होटल में नारा

एक सुबह एक नारा उगा पाया गया
सेठिया होटल के खपड़पोश हलके में
जो ग्राहकों के साथ आनेवाली वेश्याओं से
दूनी दर पर होता आबाद अथवा रहता वीराना
शौचालयों के पास
बगैर किवाड़वाले बाथरूम की बाहरी सीली दीवार पर
सुबह का उजाला जहाँ मटमैला होकर फैला हुआ
एक नारा
दातुन की कूची से
गेरुए रंग में लिखे टेढ़े-मेढ़े हर्फ

एक नारा
दातुन की कूची से दीवार पर
गेरुए रंग में लिखे गए टेढ़े-मेढ़े हर्फ भर नहीं
एक तोंद पर तेजाब से लिखे गए
निष्कम्प अक्षर
कि हड़कम्प
भयानक
तन-मन में थरथरी
नहीं, ये वे परिचित अश्लील इशारे नहीं
यहाँ बार-बार अँकने वाले आदिम चित्र
गुँथे हुए अंगों के क्लोज अप
यहाँ के नौजवान बेयरों की नसों को तानता
बायस्कोप के मोखे से दिखनेवाला वही एक दृश्य
वही अंगजोड़ अधीर उकेरे
छठे-छमासे सामने खड़े हो जिन पर चूना पुतवाने में भी
किसी गुदगुदी से गीली होते-होते बचती धोती
बमुश्किल
नहीं, धोती ढीली कर देनेवाली यह कोई दूसरी ही इबारत भयानक
इमारत
हिलने लगी है
अरे! क्या कर रहे हैं किधर मर रहे हैं
दरबान और मैनेजर
अरे! कोई पुलिस को बुलाओ
घुसा है घर में नक्सलबादी
बरबादी!

जरा जी में जी आने पर यह खयाल
कौन है, कौन है वह?
खाने की पत्तल में करनेवाला छेद
भेदिया घर का
गुर्राती आँखोंवाला बूढ़ा वासुदेव तो नहीं
लेकिन वह तो निरक्षर
काला अक्षर भैंस बराबर
अँगूठा-टेक

वेतन-बही पर
तीन सौ लेकर पाँच सौ के नीचे
अँगूठा लगाता हर बार
नहीं, वह नहीं, रजुआ
रजुआ जरूर
वही साला हरामी
घुसरा रहता है सेठानी के यहाँ
हमेशा आँख चुराए रखता है
लम्बी उँगलियों के नाखूनों में
मैल ही नहीं कोई आग भी जरूर
उँगलियाँ चटकाने में कल जहाँ खँखोर गया
आज भी जलता-सा है
रजुआ...लेकिन
सेठानी ने कल ही उसे दिया है एक पुराना कुर्ता
पुराना क्या बहुत पुराना भी नहीं
और दस-पाँच तो देती ही हैं आँख बचा
नहीं, उस जवान की तो चुटिया ही है सेठानी के हाथ
वह नहीं, जरूर शामू
घुन-खायों के बीच वह एक घुन्ना है
वही जाता है
यूनियनबाजी करनेवाले उस दुबले-दढ़ियल नेता के पास
अरे! कि वही नेता ही
अरे वाह! वही नेता ही
ठीक कि कभी मूतने भी इधर नहीं आते नेता जी महाराज
लेकिन खूब फँसे हैं बच्चू

अरे ओ तिवारी बाबू! मैनेजर के मुण्ड! मतिकुन्द!
झपट जाओ
रपट लिखाओ
पुलिस बुलाओ
लेकिन पहले नाश्ते का इन्तजाम कर जाओ पक्का
तब तक मैं
इस नारे पर पहरे की ड्यूटी में
मुस्तैद

आह! अरे ओ!
आँख दिखाता है यह नारा
कि आँख फोड़ता घुसा जाता है कपाल में
यह नारा नाभि-नाल बँधा है जिस चेतना से वह
कौंध चमकती
अधिकार का र चाकू-सा चुभता है
संघर्ष घेघुआ...

आह घिग्घी!
पुलिस आ के
पहले इस बँधी हुई घिग्घी को खोले
कि तोंद पर हाथ रख सेठ
अपना बयान बोले।

मुम्बई का समुद्र

(एक)

नधा हुआ समुद्र
विनतशीश
मानो मायामोहित
महानगर का महानागरिक
एक दृश्य सुहाना
जो नहीं सुहाता
मन को मेरे
आँखों को चाहे भाता हो
जी को गड़ता है

एक बँधा हुआ समुद्र
जी से बँध जाता है सदा के लिए

तब होती है परतीत
तर्कातीत
कि लोकल ट्रेनों में

माथ-ऊपर के हथकड़ों को पकड़े डुलते तन
अपनी जड़ों से उखड़े जन हैं अधिकतर
ऊर्ध्वमूल मानव-वृक्ष नहीं
हरे-भरे दिखते भी

उनके पसीने में नधे-बँधे समुद्र का दुस्सह स्वाद
खारा ही नहीं, आत्महारा
वह एक समुद्र
जिससे आँखें मिलाते हुए भी आँखें चुराई जाती हैं

(दो)

मित्र ने, हवा में
हाथ से
एक वृत्त का अधोर्ध खींचते हुए कहा :
देखो, ध्यान से
समुद्र की यह बाँक दुर्लभ
मैरीन ड्राइव का यह हिस्सा है क्वीन्स नेकलेस मशहूर

समुद्र निहारते
गगनचुम्बी भवनों को समुद निहारते
फिर कहा मित्र ने :
देखो, काले धन का गौर वर्ण
समुद्रमुखी समुद्रसुखी लघुकाय फ्लैटों की भी कीमत है करोड़ों में
कोहेनूर के मुकाबिल

मैंने देखा
रानी का जगमगाता गलहार
बेशकीमत
नहीं यह हँसली छत्तीसगढ़ी मजूरिन की

(तीन)

क्या मैं कहूँ
कि मैं एक दुखता हुआ समुद्र ले आया हूँ
अपने वक्ष में, मुम्बई से—
केवल अटैची में

भतीजे-भतीजियों के लिए चन्द रंगीन टी शर्टें
        और फरमाइशी परफ्यूम-भर नहीं—
एक समुद्र—नमकीन से अधिक गमगीन

अटैची की तरह खोलकर
अपने वक्ष को
यदि इसे दे सकता किसी को
तो किसे देता—यह दुखता हुआ समुद्र
अब जबकि
अपार वक्षाकाशवाले मेरे बाबा भी दिवंगत हैं
घर के दालान में और हमारे दिलों में
उनका न होना निष्पलक पसरा है।

पाँव—जिन्हें पखारे सागर

वे पाँव! जिन्हें पखारे सागर
अरब सागर
हिन्द महासागर
उमड़-उमड़कर
वे हों पंचतारा होटल की सीढ़ियाँ संगमरमरी
विदेशी पर्यटक के गोरे गुलाबी तलवे
मौजों के लिए मोजों से अभी-अभी निकले

वे पाँव! जिन्हें पखारे सागर
अरब सागर
हिन्द महासागर
उमड़-उमड़कर
वे हों काले धन और गोरे तन के धन्य-धन्य तलवे
भारत माता के रुखड़े-सिकुड़े बिवाइयों-भरे गोखरू-बिंधे पाँव नहीं
जिन्हें कि कँटीले तारों से घिरे सागरतट पर सागर के सन्निकट
जाने भी न देगा
रुआब और अदब से भरा दुरंगा दरबान

वे सपूत हैं सच्चे भारत माता के
सरकार बने जो बैठे हैं
फेनकोमल शय्याओं पर लेटे हैं
दुखड़े-दारिद दूर करेंगे दुखियारी के
बेकल बेअकल कवियों से अपील सरकारी हितकारी :
सागर-मुद्रा सराहने में न नैन भटकाओ न बैन भटकाओ
नैन मटकाओ और निहुरो निहारो निहोरो
विदेशी मुद्रा।

मशरूम वल्द कुकुरमुत्ता

एक दिन
बाजार से मेरे घर आता है
एक उच्च-भ्रू दुकान में के आदमकद फ्रिज में से निकल
पारदर्शी पोलिथिन पैकेट में बन्द
वह गौरांग

झोली उँडेलती हुई
पत्नी फरमाती हैं :
सवाद बदलने के लिए
आज यह मशरूम

मैं देखता हूँ उसे
और अचरज से चिहा उठता हूँ :
वाह! बड़े दिनों बाद हुई भेंट
कैसे हो भाई कुकुरमुत्ते?
महाकवि के दुलारे, देते रहे बुत्ते
खाने से पहले तुम्हें देखूँ तो भरपेट!

कि मेरे भीतरी कानों में गूँजी एक डपट
छोड़ती लपट :
अशिष्ट!
देख ध्यान से अरे, मैं विशिष्ट

मैं नहीं वह, खुले में, सड़े पुआल पर उगा कुकुरमुत्ता
कि ले जाए वह भी जिसके पाँव नहीं जुत्ता
अरे, मैं तो वातानुकूलित कक्ष का वासी
बारहमासी
प्रोलेतेरियत नहीं, बूर्ज्वा
सिर नवा
मैं खादखोर मशरूम
क्या जाने मुझे, तू हाड़तोड़ मजलूम
गरीबी से गर्वित
निवुध अपने चित्त को लिये चित!

दहलाती वाणी से नहलाए कानों में सहलाती उँगली दे
तब मैंने देखा ध्यान से
उस नवयुगी कुकुरमुत्ते को
कोमलांग हुरमुट्ठे को
बेशक, यह नहीं वह गँवई-गँवार
बचपन का यार
स्वयंभू सर्वहारा
बनाते जिसे गदा निराला
करने को ध्वस्त कुल और कूल बूर्ज्वाजी के
गुलाब के बहाने परोपजीवी मूल्य बूर्ज्वाजी के

यह नहीं वह मुँहफट महामना
यह जो इतराता आज गुलाब का गोतिया बना
कुकुरमुत्ता नहीं, मशरूम
मुरव्वत से महरूम
सबाल्टर्न नहीं, अल्ट्रामाडर्न
पंचतारा होटलों का डिश
फ्लाइंग किस
वायुयानों में भर विदेशगामी
अभिमानी
वर्गारोही स्वर्गारोही
आधुनिक नव्वाबों का लाड़ला
गरीब के दुआरे आते लाज-गड़ा

अब कहाँ मयस्सर गोली और मोना बंगाली को
मालिन को माली को
इसका कलिया-कबाब
उनका ख्वाब
खाते बस बहार और नव्वाब
एअरकण्डीशंड जिन्दगी है
बड़े-बड़ों से बन्दगी है
बाकी तो गरीबी है गन्दगी है

मैंने देखा उसे
जमीन से उठकर जिसका दिमाग सातवें आसमान चढ़ा
अमीरों का मुँहलगा
कहा पत्नी को :
सुनो, जल्द पकाओ इसे
नहीं तो जाऊँगा कच्चा चबा!

जब कभी

जब कभी दोस्त से ज्यादा जरूरी हमारे लिए हो उठता है एक दुश्मन
पता नहीं किसके किये किसके लिए
कहीं कुछ हो जाता है
हमारे भीतर कुछ खो जाता है

खो जाती हैं अलस्सुबह खड़खड़ाती साइकिलें
दोनों ओर बाल्टे लटकाए मन्थर चलती दुग्ध-भार-बोझिल साइकिलें
जिनकी बगल से
रह-रहकर फुर्र से निकल जाती हैं अखबारों के हॉकरों की जल्दबाज साइकिलें
जन तक जल्द-से-जल्द पहुँचने को फड़फड़ाती खबरों को कैरियर पर लिये
खो जाती हैं अलस्सुबह खड़खड़ाती वे ही साइकिलें
शहर की सड़कों से

खो जाती हैं
कबाड़ियों की ललकारती आवाजें

रिहाइशी नगर-गलियों में फिरतीं दिन-भर

खो जाती हैं स्कूल बसें
बच्चों के उत्फुल्ल चेहरों से अटी खिड़कियोंवाली स्कूल बसें

खो जाती हैं गतियाँ
गतिविधियाँ

बुझ जाता है बाजार

एक आई हुई आँख की तरह
खूँरेजी से लाल हो उठता है शहर

शरदाकाश में पतंगों को ढूँढ़ते हैं पक्षी
मूँछ तले वे मुस्काते हैं, एक पतंग की भी उन्नति जिन्हें बर्दाश्त नहीं
शहर के दिवस पर और कार्यदिवस पर कर्फ्यू पुत जाता है
लग जाता है मार्शल लॉ
फौजी फरमान टहलता है
शहर के सीने पर
हथियारबन्द, ज़िरिहबक्तर पहने

कसमसाती जिन्दगियोंवाले घर
कशमकश में पड़े
साँस रोके खड़े रहते हैं
कान लगाए
कि लहूलुहान चीख को सुनकर
बघनखे उतार दौड़ पड़ें कि नहीं
अपने से बाहर

गुजरगाहों पर पुलिसिया जीपें गुजरती हैं या हादसे गुजरते हैं
और फिर फैली रहती है वहाँ हमारी हदस
जब कभी ऐसा होता है
मन रह-रह अपने आप से करता रहता है सवाल :
कब तक, आखिर कब तक?!

प्राकट्य

पर्व-त्योहार के नेपथ्य में
उत्सवी परिधान में सजता हुआ ईश्वर—
साँस रोके हम जिसकी आस लगाए बैठे हैं—
जब मंच पर आता है
अभयमुद्रा में उठा हुआ उसका हाथ
अचानक हमें भय से भर देता है
दंगाइयों के हुजूम में हमें बदलने से पहले
हमारे पैरों से रौंदे जाते हैं
हमारे बच्चों के खिलौने
और चार्ली चैप्लिन की फिल्में
हमारे सपनों के घर की शहतीरें
हमारे हाथों में लाठियाँ बन जाती हैं।

एक मन्दिर की उन्नति-कथा

(पटना की घटना)

वही तो है हनुमान जी की गदा
लेकिन अब
गदावलम्बिनी भक्तिनों की संख्या
नगर में बढ़ गई है
फूलमालाओं की बिक्री बढ़ गई है
लड्डुओं का भोग बढ़ गया है हनुमान जी का
कोढ़ियों-भिखारियों की तो एक
छोटी-सी बस्ती बस गई है
केवल मन्दिर की ऊँचाई ही नहीं
हुई है दुमंज़िला
उच्चासन पर उठना पड़ा है हनुमान जी को
देखो तो हनुमान जी के गाल
अब कितने लाल रहते हैं
हिन्दू भाल पर तिलक कितना सोहता है
जबसे छोटी हो गई है बगल की मस्जिद की अजानबुर्ज

यह सब
एक उच्चपदस्थ भक्त के कारण
यह उच्चासन हनुमान जी का
सच है! जो भक्त हों सुखी
तो भगवान के दिन फिरते देर नहीं लगती
भक्त का वैभव ही तो भगवान का यशमूल है
हो चाहे नास्तिकों का दृष्टिशूल वह
सच तो यह कि जो भी यहाँ टेकते हैं मत्था
फलते-फूलते हैं
बाकी सब
ऊबते-डूबते हैं
भवसागर में
निरवलंब
सबलों के बल में साझा महावीर का
निबलों-दुबलों को चाहिए धीरता
धीरता ही उनकी वीरता
हिन्दू धर्म पुनरुत्थानाय
बजरंगबली सदा सहाय
बाघ बकरी साथ जुटाए
शंका-लंका कूद जलाए
बजरंगबली सदा सहाय

उच्चपदस्थ भक्त
उच्चपदस्थ कि एक स्वयंसेवक!
तमतमा जाता है व्यंग्य से एक गोरा मुख
व्यक्तिगत आस्था के क्षेत्र में पद?
हीनताग्रंथिग्रस्त हैं निन्दक!

एक ओर से सच
बाकी ओर से झूठ
झूठ?
एक सात्त्विक क्रोध से और भी तमतमाता है तमतमाया मुख
क्या यह भी झूठ
कि कर-सेवा से

उठा है यह मन्दिर
जनता पर कोई कर
नहीं लगाया गया है किसी सरकार का
हाँ, इस कर-सेवा की खबर
छपी नहीं अखबारों में
पत्रकारों ने
किया नहीं कभी इधर का रुख
कोई स्वर्ण-मन्दिर जो नहीं यह
गो इसके भी सींग पर सोना मढ़ा गया है
दूर से चमकता है
विगत अतीत के स्वर्णयुग की झलक-सा
स्वर्णयुग जो अब भी खोया नहीं है
जिसमें खोया जा सकता है

स्वर्णयुग
जो स्वर्णमृग-सा आता है सामने
बहकाने
एक दुरभिसन्धि की मायावी सन्तान
एक छलावा
कि जो भी पास है हर लिया जाए
छीन ली जाए अस्मिता
छल-बलपूर्वक

हुई तो है कर-सेवा
इतवार के इतवार
लगी तो है पाँत स्वयंसेवकों की
उजली धोती को ढीले काछे-सा कसे
टेरेलिन की पतलून के पाँयचे मोड़े
सफेद हाफपैन्ट
खाकी हाफपैन्ट
कपड़े के जूते-मोजे
पहने
बीच-बीच में कोई
पुलिसिया युनिफार्म भी आस्तीनें समेटे

थुलथुल और चुस्त और दुरुस्त
स्वयंसेवक
खड़े तो हुए हैं एक-दूसरे से सटे
ठसाठस
मिट्टी की टोकरी को हाथोंहाथ बढ़ाते
आस्था-गद्गद पुण्य-पुलकित उँगलियों से

इतवार के इतवार
लगा के अपना रिक्शा
सामने, सड़क के पार
गद्दे पर बैठ
रामसरूप और इस्माइल
देखते रहे हैं टुकुर-टुकुर
देर तक यह मुफत का सनीमा
बारी-बारी बीड़ी बाँटते।

सीतामढ़ी

(अक्तूबर, '92)

बेटी की विदाई
से अधिक करुण तो कोई दृश्य नहीं
इस धरा-धाम पर
तमाम धूम-धाम के बीच जो धुआँ आँखों को धोता है
वह केवल गुग्गुल का नहीं
वह केवल धूपदान से नहीं उठता
और जो भर आती हैं आँखें
वे केवल हमारी नहीं
हम जो झूम-झूम आगमनी गाने से फँसे कण्ठवाले
ढोलों और घण्टों-घड़ियालों की ताल पर
आरती का थाल घुमाते हैं
वे आँखें—वे दो बड़ी—कनपटियों तक खिंची आँखें
वे भी तो हैं जिनमें आरती का दीया दुगुना हो उठता है

हाँ, वे आँखें
देवी दुर्गा की हैं वे पसीजती आँखें
सप्तमी के दिन जो रहती हैं सजल
और विजयादशमी तक जिनमें लोर लेने लगता है हिलोर

वे आँखें किसी चन्द्रकान्त मणि से तो नहीं बनीं

बाँस और खर-पुवाल और माटी और पानी
के अलावा तो अशरफ के इर्द-गिर्द कभी कुछ दिखा नहीं
हाँ, बाद में रंग और कूची और कपड़ा और जड़ी और...
बस यही सब तो
और उसका शागिर्द उसका छुटका बेटा अनवर
प्राण-प्रतिष्ठा का मंत्र पढ़ने वाले पंडित तो यह जानते नहीं, दक्षिणा के लिए
दायाँ हाथ आगे बढ़ाए
अब यह अशरफ ही जाने
उसके अब्बू ने उसे बताया होगा जरूर—
कारीगर क्या जादूगर थे वे अपने ज़माने में—
कैसे मिट्टी के पिण्ड नहीं रह जाते हैं वक्ष
और उनमें दूध उतर आता है
पुवाल की उँगलियों में कहाँ से ज्वार आता है शक्ति का
और कूची से आँकी आँखों में लोर
शायद अनहद नाद से गूँजते उस मौन से
जिसमें डूबता है अशरफ का माथा थोड़ी देर
हर दिन का काम शुरू करने से पहले

किसको सुमिरता है अशरफ
कि उसकी सुमिरन में
एकमेक हो जाती है गुजरी हुई अम्मी की ममतालु तस्वीर
और एक पुलक-भरी नित नवेली छवि
और ब्याही हुई दुलारी बड़की की लरकोरी मूरत।

आठो भुजाएँ उठा कर
बरजती रही हमें अष्टभुजा
और हम अरने भैंसे की तरह

हँकड़ते दौड़ते रहे
महिषासुर हममें ही जी उठा था

जुलूस इधर से ही जाएगा
जुलूस इधर से ही जाएगा
हमारे होंठों पर एक ही रट थी
प्रतिमा-विसर्जन का नतशीश जुलूस जाने कब एक चतुरंगिनी
सेना में बदल गया था
भविष्य को जाता हुआ रास्ता अतीत की ओर मुड़ गया था
इतिहास के बन्द दुर्ग-दरवाजों पर खड़े थे हम टकराते माथ,
कपाट निकाल, चिन दिए गए थे जो दरवाजे
किसी कीमियागर ने हमारी करुणा को क्रोध में बदल दिया था
शहर की सड़क-शिराओं में उन्माद की तरह दौड़ रहा था हमारा खून
हमारे बैंड बाजे मारू बाजों की तरह बजने लगे थे
मांत्रिकों के अट्टहास भालों के भाल पर बँधी पताकाओं की तरह फरफराकर
बस एक दिशा की ओर उँगली उठाते थे : उधर-उधर
उधर ही दौड़े जा रहे थे हम
अरने भैंसे की तरह हँकड़ते
महिषासुर हममें ही जी उठा था
अष्टभुजा की आठो भुजाएँ
पोंछ नहीं पा रही थीं अपने आँसू—आठ-आठ आँसू
केवल खपच्चियाँ नहीं थीं उसकी हड्डियाँ जो सन्ताप से तड़क रही थीं
हम केवल पुवाल समझे थे उसके मांस को
हमारे हर चाकू के वार से लहूलुहान उछल कर आता था जो बाहर ठीक उतना
जितना गिरता था किसी भी देह से उसकी विस्फारित आँखों के सामने
चीत्कार के साथ

जब थमा था हमारा उन्माद
हमने देखा
कहीं नहीं थीं वे उँगलियाँ
जिनका स्पर्श अभी तक हमारे कन्धे पर बचा था
कहीं नहीं थीं वे आँखें
जिनके आँसू बुझा नहीं सके हमारे लहू में पसरे पैट्रोल की आग को
वहाँ बस पड़ा था एक बालक-मुण्ड

अनवर का, हाँ हमने पहचाना, अनवर का
और कटे हुए दो हाथ
अशरफ के अद्वितीय कारीगर हाथ।

जिस तरह समा गई थीं कभी खिन्नमना सीता
विदीर्णहृदया धरती में
और रामायण के एक पन्ने पर
बची रह गई थी थोड़ी-सी चरण-धूल
कुछ उसी तरह हमारी माटी ने झेली है दारुण पीड़ा फिर से
हमारे शहर की एक सड़क पर
लहू का एक धूमिल-सा निशान-भर है
विजयादशमी की हमारी पराजय-कथा।

विध्वंस के बाद

(दिसम्बर, '92)

हमने एक त्रिशिर राक्षस का वध किया है
कि अपनी देव-त्रयी को बींध दिया है
हमें नहीं मालूम

हमें नहीं मालूम
कि हम खुश हैं कि उदास
सुन्न पड़ गया है हमारा हृदय हठात्

दिशाओं से चलता हमारा दशानन संवाद
एक काली चुप्पी में बदल गया है
दसों दिशाओं में एक साथ दौड़ जाना चाहते हम
दिशाहीन ठिठके खड़े हैं
अपने छोटे बच्चे के सामने
कौतुक से चमकती आँखोंवाला हमारा छोटा बच्चा
जिसे हम छोड़ आए थे
कन्धे पर बोरे का बुभुक्षित झोला लटकाए
बचपन-वंचित उन बच्चों से तनिक दूर

जो किसी के बच्चे नहीं हैं
दिन भर बीनते कुछ-न-कुछ कूड़े-कचरे के ढेरों में
ताकते सूनी-सूखी आँखों से तमाशा
जब हम चिल्लाते गुजरे थे बलिदानी-अभिमानी टोलियों में
रामलला हम आएँगे
रामलला हम आएँगे
मन्दिर वहीं बनाएँगे...
बगैर विचारे कि क्या रामायण के अक्षर-घर से
मानस-मन्दिर से
भव्य होगा कोई बासा
दिव्य होगा कोई आलय?
हम राम-भक्त थे कि किसी के किये राम-विभक्त?

आज हमारी झुकी-झुकी आँखों के सामने है
फटी-फटी आँखोंवाला हमारा छोटा बच्चा
जितनी भी हमारे भीतर वहशत उससे कई गुना है
        जिसके भीतर दहशत
बेजुबाँ दहशत जिसकी खामोश चीख से
भरी जा रही है पूरी दुनिया
शोर-शराबे से भरी दुनिया एक पल को स्तब्ध

अखबारों की सुर्खियाँ आज काले मोटे हर्फ-भर नहीं हैं
सचमुच लिखी हैं लहू से
जिनके नीचे वे सब पंकिल पंक्तियाँ नहीं
खौफ और गम से फटती शिराएँ हैं वतन की

और हम सोच नहीं पा रहे कि ऐसा कैसे हुआ
कि हम जो अपनी करुणा के कपास से
ढँक देना चाहते थे सभ्यता के चौराहे पर भटकतीं
काली अधनंगी हड़ीली देहें
इथियोपिया और सोमालिया की
विवस्त्र-त्रस्त कर बैठे अपने ही हाथों मातृभूमि को
लज्जित और लहूलुहान

एक बड़ के बहुत पुराने पितामह पेड़ को काट देनेवाली
कुल्हाड़ियाँ हैं हमारी बाँहें
धूप-शीत-सधे जिसके प्राचीन छतनार शीश को अब
कभी नहीं देख सकेंगी आँखें
अब हम जानते हैं हमारी उँगलियाँ मूँगफलियों की तरह
आसानी से तोड़ सकती हैं आदमियों को
और बादाम की तरह बगैर खास दिक्कत के
मकान-दर-मकान
लेकिन हमारी हथेलियाँ अब कब
सहला सकेंगी हमारे बच्चे के काँपते कपोल
सपने की नदी में उसके डूबने को
नींद के नभ में उड़ने में बदलती हुईं?

बेघर हो गया है जो हमारे अन्तःकरण के गर्भगृह में
रमनेवाला देवता
उसे कितने बरस का बनवास दिया है हमने
वह कब लौटेगा अपनी अयोध्या में?

अस्पताल के लाशघर में

अस्पताल के लाशघर में
अगल-बगल पड़े हुए शव
पोस्टमार्टम के इन्तजार में हैं
एक लम्बी कतार है उनकी
राशन-दुकानों और टिकट-खिड़कियों और पूजागृहों और सार्वजनिक
शौचालयों की

अन्तहीन कतारों की कतार में
अब यह उनकी अन्तिम कतार है
पोस्टमार्टम से पता चलेगा मौत का कारण
कि किसी तेज धारवाले हथियार से उधेड़ दी गई अँतड़ियाँ
कि किसी भोथरे भारी हथियार से कुचल दिया गया सर
शायद गोश्त काटने का गँडासा रहा हो वह
शायद तेल-पिलाया लट्ठ रहा हो वह
लेकिन क्या सचमुच, डॉक्टर, सचमुच

इन मौतों का बस वही है कारण जो तुम्हारी रिपोर्ट में है?
तुम्हारे हाथ नहीं काँपते, फिर भला तुम्हारा दिल क्यों काँपता है डॉक्टर?
नसों के धागों से बँधी हुई जिन्दगी को सहेजनेवाली तुम्हारी सावधान उँगलियाँ
कर रहीं शवच्छेदन पर शवच्छेदन
किसलिए भला?
तुम हथियार के पीछे के हाथ तक नहीं जा सकते
हाथ के पीछे के दिमाग तक तो बिल्कुल नहीं
मनाही है, आगे रास्ता बन्द है, संगीनधारी सन्तरी खड़े हैं वहाँ—ब्लैक कैट कमांडो
उसाँस ले, शीश झुका
करते हो तुम शव-परीक्षा, यंत्रचालित
नहीं, कुछ सोचना नहीं
सोचने का हासिल है गंजापन और अनिद्रा और कौन जाने बर्खास्तगी!

अस्पताल के लाशघर में
अगल-बगल पड़े हुए शव
पोस्टमार्टम के इन्तजार में हैं
रंगरूट यमदूत आए च्युइंगगम चबाते
हाथ में पान-पराग के डिब्बे की तरह प्राण-पराग का डिब्बा लिये
और चले गए
विरोधी दलों के नेता आए और सरकार के नुमाइन्दे और चले गए
राष्ट्रीय अखबारों के संवाददाता आए छायाकार समेत और चले गए
बगल के शहर को जहाँ दंगों के मौसम में लाशों की फसल लहलहाती है हर बार
बिला शक, बिना अपवाद
चले गए सब के सब
खुलासा लिया दिलासा दिया और चले गए
छूट गए अस्पताल के अहाते में
लाशघर में पोस्टमार्टम का इन्तजार करते हुए शवों के साथ
ग़मज़दा रिश्तेदार—घर के बड़े-बुजुर्ग

अस्पताल के लाशघर में
अगल-बगल पड़े हैं शव
जिनकी लुंगी के चारखाने

जज्ब नहीं कर सके लहू
जिनकी धोती की किनारी
समेट नहीं सकी लहू
लहूलुहान शव
जिनकी पसलियों में पैठनेवाला चाकू
जिस लोहारखाने में बना वहाँ
भाथी की फूँक से उठता हुआ चिनगारियों-भरा धुआँ नहीं
अगरू और लोबान का गमकता आँख-मींच धुआँ था
और निहाई की जगह
खुली हुई थी एक पवित्र पुस्तक
दिमाग को ही चिपटा किया जा रहा था वहाँ
और बनाया जा रहा था बर्फ का धारदार चाकू
जिन्दगी के जज्बे से भरी बारीक से बारीक नस को काट देनेवाला

अस्पताल के लाशघर में
अगल-बगल पड़े हुए शव
जानते हैं ये भेद सखेद
वे गवाह हैं गवाह
यह मत सोचो कि मुर्दा बोला नहीं करते
उसे देखो
वह जो है उस शव का खुला हुआ मुँह
एक चीख में खुला हुआ मुँह है—
फ्रीज मोशन में शिलीभूत—
एक नई मकड़ी तान रही है जिसमें अपने जीवन का पहला जाला।

गर्व

ककहरा पढ़नेवाला बच्चा व्यस्त बड़ों को औचक डराता कहता है कर्फ्यू
कर्फ्यू उसके लिए अमूर्त नहीं, मूर्त है
दादी की परीकथाओं के राक्षस से भी अधिक

ऐसे समय में रह रहे हैं हम
हम चाहें तो गर्व भी कर सकते हैं
अपने बच्चे की मेधा पर

और उससे अधिक खुद पर
आखिरकार हमीं तो हैं इस प्रखर समय के निर्माता।

सुतली

शारदीय आकाश तले
सन के खेतों में
लम्बी डण्ठलवाले पौधों के शीर्ष पर
प्रशान्त पीले फूल
धरती और धूप के उजागर स्नेहबन्ध वे
देखे हैं जिसने अपनी आँखों
और जीवन के आश्वासन से भरते सन के रेशे धवल
सूरज के केश मानो आदमी के कन्धे पर
लच्छे उनके—धीरे-धीरे कन्धे से उतर
उँगलियों घूमते, मगन, लघुलोक-से तकुवे पर
बट-बट, सुतली बन, लिपटते
लिये मानव-श्रम के मानव-मेधा के अँगूठा-निशान

अरे! देखा है जिसने
तकली से लिपटी सुतली को
एकदेह एकप्राण

जानता है वह सुतली की अभिलाषा
सुए की सुतली आँख की पुतली बनने की
बोरों की मुँहलगी मुरली बनने की
छप्पर-छाजन में रचने-बसने की
पंसारी अंसारी संसारी संग हँसने की
नाज-नून के गुड़-चीनी के जीरा-धनिया-हींग-हर्र के
जगह-जगह की दर-दुकान में तरह-तरह की चीज-बस्त के
ठोंगों लिफाफों पुड़ियों से बँध
घर-घर जाने की
उँगलियों बाँधे जाने की उँगलियों खोले जाने की
बच्चों के टूटे खिलौनों से जोड़े जाने की

जानता है वह—वही—सुतली का दरद
उस सुतली की मनोव्यथा जो
दंगों से दहले शहर की
बेचैन जलती रातों में, कर्फ्यू-कलंकित बुझे दिनों में
किसी कठकरेज के कठपुतली-हाथों में पड़
हृदय में सुलगती हिंसा-प्रतिहिंसा पर जिंघासा पर
रक्त-पिपासा पर दुष्ट इरादों पर दिल के दर्रों पर
बारूद-बुरादों पर कील-काँटों-छर्रों पर
लपेटी जाती है
बनाती है सुतली बम
सुतली बम! भयानक!
घृणा से—आत्म-घृणा से फटता होता है जिसका तन-मन

महासागरों में डुबो दिया जाना चाहते हों या नहीं आणविक आयुध सांघातिक
दहकते तन लहकते मन वाली सुतली वह
चाहती है बाल्टी-भर पानी में डूब जाना
अपने विष-बोझ के साथ डूब जाना
और कभी न उबरना
कभी न उपलाना
कि बाल्टी का तल
हिन्द महासागर का अतल हो!

ताजमहल और दयानन्द

टूट गए, तोड़ दिये गए
तीन ताजमहल दयानन्द के
डुमराँव के करीब बड़ा सिंहनपुरा में

वे तीन ताजमहल
सीमेंट के तीन पैनलों पर उत्कीर्णित खूबसूरत
खरीद ले गए थे जिन्हें बनारस से दयानन्द
जहाँ वे शोधछात्र संस्कृत के, बी.एच.यू. में—
बड़े चाव से
लगाने गाँव के नये बने मकान की अँगनई में

तीन रोशनदानों के ऊपर
सुदर्शन, नेत्रविस्फारक
तीन नन्हे ताजमहल
शोभते कुछ ऐसे कि
बनारस से लाई हर चीज़ पर मुग्ध हो-हो जानेवाली उनकी आकर्ण स्फीत आँखों
वाली बहनें ही नहीं
आकर्ण खिंची प्रत्यंचावाला एक अदृश्य धनुष थामे
अहर्निश फिजूलखर्ची को कोसते उनके पिता भी
चिहा उठे थे आनन्द के अचरज से
बीच आँगन में खड़े उनकी अवलोकक से अधिक आलोचक आँखें
पहले मुरझाईं फिर खिल उठी थीं
उनकी छिद्रान्वेषी आँखों ने नीरन्ध्र स्वीकृति दी थी
चमककर बोली थीं : दिव्य

तीन ताजमहलों ने
घर को चार चाँद लगा दिये थे
उनके होने से
आँगन में उजास कुछ बढ़ गई थी
हिय में हुलास

वे शिशु ताजमहल ही भूमिसात् हुए थे हठात्
पककर चूने से बहुत पहले
एक क्रूर कठोर कंस हाथ ने
घर की डाल से उन्हें तोड़ा था
उनकी कण्ठनलिका से दूध ढलका था
शिशु ताजमहलों की कण्ठनलिका से धूपरंगी दूध
तोड़े गए जो घर की डाल से कि युवमन की डाल से
झकझोर

हुआ कुछ यूँ
एक दिन पधारे मस्तराम बाबा
गृहनवीनन के अवसर पर
जीमने के न्योते
अपने प्रमथों-प्रमत्तों के समेत

मस्तराम बाबा!
कौन कह सकता है जो गाँव में नवागत
सभी बड़े दुआरों पर जिनका करबद्ध स्वागत
जाजिम-भर का मजमा लगा ही रहता है जिनकी कुटिया में
सुल्फे की लहक में जहाँ बतकहियाँ बहकती हैं
अहम् वयम् में नहीं व्योम में उलँकता है
मस्तराम बाबा!
अलोनी दाल में नमक की तरह जो गाँव में आए एक दिन
इस तरह जैसे एक उन्हीं की कमी थी
लेकिन जो दूध में नींबू निकले
फाड़ देनेवाले सरल तरल धवल वक्ष
गाँव का

लेकिन उन्हें खट्टा होते भी सरसचित्त नींबू कैसे कहें
विष-वृक्ष-बीज को
काश जो शुष्कहृदय-भर होता!

हाइफन की तरह जो जोड़ती लगती थी गाँजे की चिलम
गाँव के जन-मन को
धीरे-धीरे बढ़ कर डैश हुई
दूर करती—बरजते हाथ-भर दूर
जन से जन को
मन से मन को

वही मस्तराम बाबा
रोशनदानों के नथुनों से नथुनियों की तरह लगी
उन ताजमहलों की मनोहर आकृतियाँ देख
जिनकी आँखें शीतल होने की जगह अंगारा हुईं

वे तमके बमके :
इस मुसलमंट्टी के नीचे बिछा रखी है शीतलपट्टी
इन्हें हँकालो
देश निकाला दो
मेरे अन्न-जल ग्रहण करने योग्य तभी हो सकता यह घर

इस तरह करुणा से काँपते हाथों ने
एक पाखण्ड के वशीभूत खण्ड-खण्ड किया
उन सजौना ताजमहलों को

और काँप गई हजारेक घरोंवाले बड़ा सिंहनपुरा के
कोई पचीस-तीस घरों में चूल्हे के सिरहाने निश्चिन्त जलती हुई ढिबरी की लौ

और कुछ सँवला गया
सुदूर यमुना तीरे
ताजमहल का स्फटिक
ताम्रजिह्व कराला काली-सी धूम्रजिह्व मथुरा रिफाइनरी सरीखी
बरसों पुरानी पड़ोसिन के कारण उतना नहीं
जितना उस दिन अचानक, चन्द लमहों में
रघुराय का कैमरा वहाँ होता तो
दर्ज कर लेता उसे ब्लैक एंड व्हाइट फोटो में
उस अदृश्य सँवलाने को दृश्य में पकड़ता
किसी चेहरे पर जैसे चिन्ता चमकती है
गहराती साँझ की स्याह रोशनी से अलग

गिद्धपंखों की परछाईं
एक गिद्धदल की दुस्सह दुर्भावना
खरोंचती जाती है ताजमहल की शुभ्र देह
जिसके अदृश्य जख्म
पूरने में कई-कई बरस लगेंगे
प्रगाढ़ परछाईंवाले सावन-भादों के सजल मेघों को

ताजमहल!
भारत का ताजमहल
ललाम ललाट भारत के स्थापत्य-तन का
प्रकट विराट भारतीय औदात्य मन का
एक शाही मकबरा-भर नहीं संगमरमरी
मानव-उर की अक्षय सौन्दर्य-भावना का मूर्त रूपाकार
पर्यटकों से घिरा भी जो गुपचुप पर्यटन पर निकला होता है
देश के हर घर का—इमारत का नहीं—वक्ष-कक्ष बनने

हर शयनकक्ष की सपनीली नीली रोशनी में अनजाने मिली होती है उसकी देहाभा
इस देश में दिल की जगह धड़कता है ताजमहल

और इसलिए
खिलौना ताजमहलों को भी
सजौना ताजमहलों को भी
टूटने नहीं देंगे दयानन्द
बड़ा सिंहनपुरा के बड़ऊ ओझाजी के कवि-हृदय मँझले पुत्तर
शोधछात्र जो संस्कृत के, बीएचयू में
गाँव आते ही
जा भिड़े
मस्तराम बाबा से
शास्त्रार्थ के लिए ललकारते
साथ हुड़दंगी बच्चे किलकारते

दरी की तरह जैसे खींच ही ली गई धरती
मस्तराम बाबा के पाँवों के नीचे से
साथ के चेले-चाँटी
क्रोध में विरोध में
मुख-छिद्र से बोलने की जगह
न जाने किन-किन छिद्र-मुखों से बोलने लगे एक साथ
और एक साथ चुप हुए
निरुत्तर बाबा के साथ नतग्रीव

कहा दयानन्द ने
दया और आनन्द को क्रोध और विषाद में बदला महसूसते अपने कण्ठ-स्वर में :
आपके बचपन की पाठ्य पुस्तक में
दुनिया के सात आश्चर्यों की तालिका में
जगमगाता था जो भारत का ताजमहल
अनिन्द्य गौरव से भरता बाल-मन
उस स्मृति को नोंच-चोंथ कर फाड़-फूड़ कर
आप अपने बचपन को बुझाएँगे, अपनी जिन्दगी को करियाएँगे
केवल अपने अतीत को छूँछा करेंगे और भविष्य को खुख्ख
उस एक पन्ने के बगैर धर्म-कर्म की पोथी नहीं,

शैतान का रोजनामचा होगी आपकी जिन्दगी
क्योंकि ताजमहल ही चुप-चुप विकीर्ण करता है
भारत के घर-मनों और मन-घरों की साँसों के लिए
प्राणवायु का ओषजन
जिसके बिना घुटेगा दम घरों का, ब्रेन हैमरेज होगा
उजड़ेगा मन का सजा-बसा घर
सदा के लिए वीराना होगा
लेकिन ताजमहल जो अपने सौन्दर्य से गूँथता है कोटि-कोटि मानव मन
हिंस्र समय से मुकाबले के लिए
हमारे हृदय का गुप्त आयुधागार भी है
कालजयी!

हनुमान और हुसेन

बंशी-रव बुलाता है
हमें 'कबीर-कीर्ति-मन्दिर' में
जहाँ है आयोजित एक सांगीतिक सन्ध्या
एक बेसुरे समय में

रास्ते में मिलनेवाले बजरंगबली की बगल में
सूना पड़ा था जो प्लाट बरसों से
वहाँ खुल गई है एक दुकान
रेडियो की
नाम है 'अजीत रेडियो'
दीवार में चिनी जिसकी शेल्फों पर सजे हैं कैसेट
उर में अनहद नाद-सी अहर्निश गूँजती है एक बिगड़े हुए रेडियो की क्रेंकार
जिसे दबाती रह-रह गूँज उठती है नये स्टीरियो की टंकार हुंकार
नाद-निनाद-भरा एक नाम—अजीत रेडियो
उद्घाटन के दिन जिसने
चुन-चुन कर भजन बजाय
अगले दो-चार दिन, पटखुल्ली के बाद बस पहला कैसेट भजन का बजाया
और अब
चलताऊ हाहाहूती गाने बजाने लगा है

उदय से अस्त तक
यह अजीत रेडियो
बाल ब्रह्मचारी पड़ोसी का लिहाज न कर
अपने समय के जगजीत गाने
जब पक्का जान गया दुकानदार—अरे! जानता तो सदा से था
कि बस उठी ही रहती है
दाएँ काँधे उनकी गदा
गिरती कभी नहीं, किसी के माथे पर

यह खयाल आते अचानक विस्मय-रँगा खयाल आता है
कि टाँगे-टाँगे गदा
क्या कभी टटाता न होगा
बजरंगबली का हाथ
कि सबके सो जाने पर कभी किसी अधरात
गदा को धीरे से नीचे रखकर
हाथ अपना सीधा न करते होंगे हनुमान
कि तत्क्षण
इस बचपने से भरे शरारती खयाल को
डपट बैठता है
एक सयाना-शालीन दिखता चतुर खयाल
चुप! चुप! वाचाल!
अवमानना का अपराधी माना जाएगा तुम्हें
माननीय की अवमानना यहीं से शुरू होती है
और यहीं रोकी-कुचली जाती है
बाज आ खुशमिजाज बददिमाग खयाल तक से
नहीं तो 'गुस्ताख' कहकर गुस्सा थूका जाएगा तुम्हारे मुँह पर
शान्तिभंग शीलभंग सीमाभंग के अपराध में
उद्दंड को प्रचंड दंड दिया जाएगा
क्योंकि उनकी भावना को झट ठेस और आस्था को चट चोट पहुँचती है
वे गम्भीर चेहरेवाले लोग
जिन्होंने दंड-गदा दे रखी है बजरंगबली को
जिसे निष्कम्प रखना है उन्हें हर हाल में
किसी के खयाल में भी उसके हिलने-डुलने की है मनाही
जमाना ऐसा चल रहा है

कि गणेश छाप बीड़ी टानते हुए लोग—अशिव के गण
जला दे रहे हैं गणेश उकेरे कैनवस
कि तुमने हमारी सरस्वती के साथ छेड़खानी क्यों की, कह
गैलरी में बलात्कार कर रहे हैं लोग एक तूलिका के साथ
वह तूलिका अतुलनीय
क्या वह सरस्वती की अँगुलियों में पकड़ी हुई तूलिका नहीं है?
कि तुम यही समझते हो
कि वह केवल
एक अभिनेत्री का नितम्ब थपथपानेवाला हाथ-भर है
ध्यान से देखो
नंगे तलवों घूमा है वह चितेरा इस पृथ्वी पर
भारत-भू पर
शस्य के साथ जहाँ सरस्वती उपजी है।

'नागरी नाटक मण्डली' के सामने

कबीरचौरा पर
नागरी नाटक मण्डली के प्रेक्षागार में
घटित कि अघटित होनेवाले मध्यान्तर की प्रतीक्षा में
एक केतली खौल रही है
आकण्ठ भरी एक बड़ी-सी केतली
सड़क-पार सामने की
चाय-दुकान में
उसकी टोंटी
नागरी नाटक मण्डली के गेट की ओर उठी हुई भपाती
तुरही की तरह तनी
उच्च होते हुए भी तनिक नकियाती आवाज़ में
बुला रही है
वह एक चुपचित्कारता बुलावा जिसे सुन रहे हैं
सड़क पर प्रवाहित यातायात के घर्घर
और भोंपुओं की चिचियाहटों के ऊपर
नागरी नाटक मण्डली के भवन से बाहर निकलते
दर्शक कि चाय-तरसक

तनिक थकी हुई आँखें लिये
और चयबतियों के लिए तरसते मुँह और कान

घटित हो चुकी है अघटना मध्यान्तर की
नाट्यशाला में
दुआर पर अब भीड़ है
सड़क पर आने से पहले, ठिठके
चाय-तृषा से भरे
चाय-दिशा चुनते जनों की

कि उन्हें देखते दिखता है
वे नागरी नाटक मण्डली-भवन के फाटक-माथ पर
        यहाँ से वहाँ तक तने एक बैनर की छाँव में खड़े हैं
एक बैनर जिस पर मोटे लाल हर्फों में
लिखा है :
नाट्य यज्ञ
(नाट्य समारोह)
जिला सांस्कृतिक समिति द्वारा आयोजित

नाट्य यज्ञ!
नाट्य समारोह को कहा जाए नाट्य यज्ञ
तो क्या अचरज धर्मप्राण जनों के इस नगर में, जहाँ
प्राय: सिनेमा हाउस स्वयं को चित्र-मन्दिर कहते हैं
फिर क्या गड़ता है और क्यों गड़ता है
दिमाग के तलवों में?

बेशक यही
कि यह एक सरकारी आयोजन
और उद्घोषणाओं के अनुसार सरकार सर्वधर्मसमभाव की हामी!

फिर यह 'यज्ञ' क्यों
जिसके लिए कोष्ठक में लिखना पड़े 'समारोह'?

कहीं इसमें सरकार के चित्त-चरित्र का तो खुलासा नहीं

और फरवरी, '98 के खुशनुमा मौसम में अचानक
एक लहूलुहान तारीख छह दिसम्बर की
सर्द कर देती है दिमाग—
दिमाग जो दुस्स्मृति को दुस्स्वप्न की तरह झटककर फेंक देना चाहता है।

हे राम!

निकल रहा था रामरथ, देश को दोफाड़ करता-सा
रामशिलाएँ अपने गिद्ध-पंख फड़कातीं गाँवों में उतर रही थीं

और उधर, अनदेखे
मर रही थीं रामलीलाएँ
गाँव में महीने-भर डटी रहनेवाली रामलीलाएँ

पहले तो कोई माला उठानेवाला नहीं बचा था
यानी पूरी रामलीला पार्टी को जिमानेवाला यजमान यशवान
बड़ी देर तक, अधबीच, रुक जाती थी रामलीला
उठी रह जाती थी अधर में माला
जयकारा बुलवाने को अधखुले ओठ फेंफड़िया जाते थे
सबको शर्मिन्दा कर देता था एक बेचारगी का अहसास
तब कोई अनमना-सा उठता था : अच्छा तो रूखा-सूखा कल हमारे यहाँ...
और देर तक जयकारे बोलते थे बच्चे
पिछली सात पीढ़ियों की जय, अगली सात पीढ़ियों की जय
—लीला आगे खिसकने से खुश
उन बच्चों में बहुतों को मालूम न था
कि लीला तो दरअसल पेट की है सब

और फिर
धीरे-धीरे आरती की थाल भी सूनी रहने लगी थी
दस पैसाही-बीसपैसाहियों से भर-पुर उठनेवाली आरती की थाल
जिसमें चवन्नियाँ छुप जाती थीं और अठन्नियाँ चमकती थीं अलग से
लोग झट बस दोनों हथेलियों को लौ के ऊपर उलटकर माथे से लगा लेते थे
और दूसरी ओर ताकने लगते थे

आस्था कमी थी या मँहगाई बढ़ी थी
यह ठीक-ठीक कोई नहीं समझ पा रहा था

एक रात पटना में
रिक्शावानों के रैनबसेरे में
बिदापत गाते हुए मिले थे मुझे राजा जनक
उनकी छाती में बलगम घहराता था

ऐसे में
उन्होंने
राम को अपने राम-बाण में बदल दिया था
उन्हें कोई फर्क नहीं पड़ता था कि मर रही हैं रामलीलाएँ
क्योंकि वाल्मीकि और तुलसी से ज्यादा उनके काम आ सकते थे रामानन्द सागर।

माचिस की बाबत

बाजार से
माचिसें गायब हैं
दस दुकान ढूँढ़े नहीं मिल रही है एक माचिस
बड़ी आसानी से पाई जाती थी जो हर कहीं
परचून की पसरी दुकानों पर ही नहीं, पान के खड़े पगुराते खोखों पर भी
राह चलते
चाह बलते
मिल जानेवाली माचिसें, मुस्तैद
एक मुँहलगी बीड़ी सुलगाने को
एहतियात से!

क्या हमने सारी माचिस खपा डालीं
जला डालीं बुझा डालीं
गुजरात में, पिछले दिनों
आदमियों को जिन्दा जलाने में
आदमीयत का मुर्दा जलाने में?

जब माचिस मिलने भी लगेगी इफ़रात, जल्द ही
अगरबत्तियाँ जलाते
क्या हमारी तीलियों की लौ काँपेगी नहीं
ताप से अधिक पश्चात्ताप से?!

गुजरात की साबरमती

साबरमती चाहे दुबली थी, गंदली थी
उसके पास एक अहिंसक गौरव था

—कौन ले सकता है उसके मन की थाह
वे तो हरगिज नहीं जो उसे बस एक उथली नदी मानते हैं
मासूमों के लहू को भी बहा ले जानेवाली नाली

वे उसमें अपने रक्ताक्त त्रिशूल धोते हैं

त्रिनेत्र का त्रिशूल नहीं, अंधे हाथ में
वे हमदर्द कविता की जान क्यों बख़्शेंगे
उसके कण्ठ पर बाँधेंगे निशाना
और उसका वक्ष बींधेंगे।

मैहर की शारदा

शारदा!
ओ माँ शारदा!
मैहर की देवी
हमारी!

शारदीय नवरात्र में
हुए दर्शन तुम्हारे
कितने दिव्य!
पहाड़-ऊपर हजार कांक्रीट-सीढ़ियाँ चढ़

उत्तुंग शिखर पर
यह तुम्हारे पदतल तक पहुँचकर ही जाना जा सकता है
उस निरभ्र ऊँचाई से
कि कितनी प्रस्तृत-विस्तृत
है पृथ्वी
चौतरफ
उमगती हरियालीवाली
विन्ध्य-वक्षा
पृथ्वी
नीलाम्बर का हृत्पिण्ड

वहाँ से
चौतरफ नजर फेरते
अचानक दिखती है
वह धुआँधार चिमनी
मैहर सीमेंट-कारखाने की

धुएँ का एक काले मनवाला सफेद बादल
इस ओर उमड़ता हुआ
विलीन हो-होकर भी
पुनरुत्पादित अनथक

जिन आभारी तलवों से
कांक्रीट-सीढ़ियाँ चढ़ते
आए थे पर्वत-माथ
अनायास पढ़ते, हर चढ़ते कदम पर
'मैहर सीमेंट की तरफ से
मैहर की माँ शारदा के चरणों में सादर समर्पित'
उन्हीं भारी तलवों के तले से
अचानक खिसकती है पृथ्वी
देखते
वह धुआँधार चिमनी सीमेंट-कारखाने की
सुनते
चहलपहल-कोलाहल में प्रायः अनसुनी
घुटते दमवाली दबी हुई खाँसी माँ शारदा की।

ढेलहवा बाबा

ढेलहवा बाबा—
लबे सड़क
माटी का एक पवित्र ढूह
महातम वाला देवथान
रिक्शावानों की मनौतियाँ पूरी करनेवाला
दिहाड़ी के मजूरों के बीच लोकप्रिय
फेरीवालों को फिर-फिर असीसता
ठेले पर चलन्तू दुकान सजानेवालों का सगा
निकट-दूर के जनपदों से आए खोमचा लगानेवालों का करीबी
मंगते भी उसके मुरीद, भिखारी भी उसके भक्त
और क्यों नहीं
ज्यादा की नहीं उसकी फरमाइश
ढेले-भर की ख्वाहिश
बस एक ढेला कोई उसकी दहलीज पर रख दे
कहीं—वहीं—सड़क पर से उठाया गया एक ढेला
वही उसको माल्यार्पण, नीराजन, षोड्शोपचार
उसको कोई और चढ़ावा नहीं
तुम्हारी जिन्दगी की चढ़ाई के अलावा मंजूर

कितना सरल
ढेलहवा बाबा को प्रसन्न करना
एक कठिन जमाने में कितना तरल
वह चित्त
जो ढेले की तरह ही गलने लगता
किसी के आँसुओं से
पसीज उठते झट ढेलहवा बाबा
अभय-मुद्रा में हमेशा उठा हुआ दायाँ हाथ
वर देने को फड़कता रहता
एक मेहनती मटमैली हथेली
अँजुरी-भर रखे रहती शुभाशा, जो
उसके आगे नतमस्तक
कि घमाई देह का दुब्बर झाँवर चेहरा झुकाए
ओक लगाए

घामड़ लोगों की
जिनकी हेठी जिन्दगी बरस-भर जेठी जिन्दगी
उन्हीं की तप्त-संतप्त जिजीविषा में
घुलमिल जाना चाहती जो छलकती शुभाशा

ढेलहवा बाबा!
रस्ते में हैं, सस्ते में हैं
फिर भी कहाँ ठिठकते रुकते हैं वे लोग
सफल पेड़ों और निष्फल लोगों पर
जो ढेले फेंकते ही रहते हैं ऐसे तो

धरती से एक ढेला तोड़ कर
मंगल-भवन में एक ढेला जोड़ कर
वह जो उनके आगे झुका है
भेदपोस तुम उसे सफेदपोश भलामानुस न मानो
मैं जानता हूँ
भलामानस है
उसकी ही शुभाशा है
ढूहाकार रूपाकार
वहाँ—ढेलहवा बाबा!

फज़िर की अज़ान

फज़िर की अज़ान
लाने चली सूरज को
आकाशलंघी आलाप की लम्बी रस्सी से खींच
खिंचा चला आता है नलकों में पानी
करता तर, खुली टोंटियोंवाले, देर से सन्नाते, नलकों के खुश्क हलक
और जग उठती हैं हलक में फँसी
दमदार बूढ़ी देहों की दमादार खाँसियाँ
और खड़क उठती हैं खाली बाल्टियाँ बेसाख़्ता
और भरी बची रात छलक उठती है
उनके भीतर से बाहर, गोलार्ध के बाहर

यह एक भारतीय भोर है
एक मँझोले नगर का
झँगोले पर लेटा
प्रत्यूष को सुनता हूँ
पृथ्वी पर प्रतिध्वनित
और लगता है
कबसे सुनता ही आ रहा हूँ
अपने होने से भी पहले से
भारतीय भोर की यह आहट
सुनता हूँ
और बड़ी भोरहरिया, बाबा जिसे कहते थे ब्राह्म बेला
झलफलाह में जब दिशाएँ खुलने लगती हैं
पुरुब में बलता हुआ भुरुकवा
औचक और अजीब एक खयाल बन उजलता है भीतर :
भारतीय आकाश से
खदेड़ने न देंगे कभी किसी गिद्ध-दल को
फज़िर की अज़ान।

टी.वी. युग के कवि

टी.वी. युग के कवि
फोटोजेनिक होंगे
उनके पास फासफोरस हो न हो
अरे! बल्कि जिन्होंने बचा रखी होगी थोड़ी गन्धक अपने हृदय में
थोड़ा तेजाब अपने खून में
सामूहिक चुप्पी के स्तब्ध क्षण में जिनके भीतर
एक टाइम बम की तरह टिक-टिक करने लगती होगी कोई कविता
अँधेरे में जो देखते होंगे कभी जुगनुओं-से अपने जल उठने को
तीली की तरह बुझा दिये जाएँगे एक फूँक में
डायनामाइट का पलीता क्या किसी बीड़ी के भी सुलगाने से पहले
घूमेंगी सत्ता की पूतनाएँ
नगर-बीहड़ जिनके सन्धान में
कपिला गायों के भेष में विचरेंगी

सूतिका-गृहों के बन्द किवाड़ों से लगाए कान
तलवे हेरती ममतालु आँखों से
कि घाघ निगाहों से ताड़ती
पालने में परखती पूत के पाँव
विष-पुते स्तनोंवाली
सत्ता की पूतनाएँ
पहचानतीं राजसत्ता को चुनौती दे सकनेवाले अंग-लक्षण

नहीं, फासफोरस नहीं
बेचैनी नहीं, तड़प नहीं
संशय नहीं, सवाल नहीं
सुहाऊ और सजाऊ
कवि टी.वी. युग के
आओ छाओ
चितवती जनता चेतेगी कैसे के
चित्तचुराऊ प्रोग्रामों में।

टेलीविजन को देखो

फेंको पुस्तक
देखो अब शुरू होता है हमारा सबसे दिलचस्प कार्यक्रम
उसके बाद है फिर एक उससे भी दिलचस्प कार्यक्रम
पुस्तक को अब उठा नहीं पाओगे
बेहतर है उसे उठाकर अलग रख दो
शेल्फ पर टिका दो
उसमें फँफूद लगने दो

किताब एक खतरनाक चीज है
आदमी के हाथों में उसके जाते ही
सल्तनत के पाए डगमगाने लगते हैं
किताब की चुप्पी में बन्द चीखें और ललकारें
किताब को खोलते ही
बारूद की गन्ध की तरह उठने लगती हैं

रक्त-संचार में घुलने लगती हैं
किताबों ने तोड़ा है सामंती ढाँचे को जहाँ तक बहुत ठीक
लेकिन अब खतरा हैं वे
उन्हें कैद करने की जरूरत
किताबों के लिए खोले हुए तो हैं आलमारियों की
        धारियोंवाले पुस्तकालय
पुस्तकालयों के पेट में
आलमारियों के पटों में
बन्द रहने दो किताबों को
सजावटी चीजों की तरह
देखो तो कितनी खूबसूरत किताबें छपने लगी हैं यहाँ
मँहगी हुई तो क्या
नयनाभिराम—तुम्हारी बौद्धिक संस्कृति की सुदर्शन पृष्ठभूमि
यदि कभी आँखें उचटें तो
दूर से निहारने के काबिल
दूर से सुनाई नहीं देतीं सिसकियाँ
आलमारी से उठती हुई
औचक सन्नाटे में
भले महसूस हो तुम्हें
एक घुटी हुई सिसकी अपने भीतर
कभी किसी दिन
तब देर हो चुकी होगी
तब देर हो रही होगी
अगला सीरियल शुरू होने में
तब तक भूल गए होंगे तुम्हें बचपन की लोरियों के शब्द

ये किताबों की बाँहें हैं
आदमी के इर्द-गिर्द
जिन्हें सबसे पहले तोड़ता है
पूँजीवाद का रंगीन बुलडोजर
किताबों की उजली पगडंडियों को मिटाता है
पूँजीवाद की राह बनाता यह रंगीन रोडरोलर
तुम्हारे स्मृतिपट को पथ बनाता है
तिजारती यातायात का

जिसके रंग-बिरंगे ट्रैफिक-संकेतों के गुप्त नियंत्रण-कक्ष में
जलता है
सब कुछ बेचने-खरीदने के युगबोध का स्पिरिट-लैम्प
अपनी लौ पर हठी मन को काँच की नली की तरह मोड़ता हुआ।

शीतयुद्ध की समाप्ति पर

(एक)

शीतयुद्ध की समाप्ति पर
ठण्ढ से अकड़ी हुई हड्डियाँ हैं
एक कंकाल-वक्ष की
धीरे-धीरे गरमा रही हैं

वह एक नागरिक है
पता नहीं किस देश का
किस महादेश का

मानवता की दुनिया का नागरिक
लापता-ठिकाना
जो पूछ रहा है भौंचक
दूसरी दुनिया के टूटते
तीसरी दुनिया किधर गई

कौन बताए
अब इस दुनिया में बची है एक ही दुनिया
वही पहली है वही आखिरी है
यहाँ से वहाँ तक उसी की है दुनिया
और कि
शीतयुद्ध की समाप्ति पर
धीरे-धीरे गरमाती कंकाल-हड्डियाँ
अब कभी भी झोंकी जा सकती हैं
वह जो उनके कारखाने का लहकता हृत्स्थल है
युद्ध की धमनभट्टी में
सूखी चैलियों की तरह

(दो)

शीतयुद्ध की समाप्ति पर
चेहरे की जगह मुस्कुराता हुआ
टूथपेस्ट का सुहाना विज्ञापन-पट
उन्होंने एक ओर कर दिया है
और अब उनके मुँह से
आ रही यह भयानक दुर्गन्ध
तेल की जगह पेट्रोल में राँधे गए
मानव-मांस की तो नहीं?!

भंडाफोडू पोस्टरों के ढेर
सत्य-उघारू प्रचार-साहित्य के ढेर के ढेर
जिनसे छाई जा सकती थी तीन बार
पूरी की पूरी पृथ्वी सागरों समेत
गोदामों में गाँजे
रातोंरात कूड़ा हो गए हैं
मानवता की बध-कथा के हृदय-द्रावक वृत्तान्त
अब व्यर्थ
वे करते हैं आदेश
इस सारे चिकने चमकीले कागज को गलाकर
कारतूसों के सख्तजान खोल बना लिए जाएँ अब
शीतयुद्ध की समाप्ति पर

(तीन)

शीतयुद्ध की समाप्ति पर
देखो, अब कितना शीतल है उनका मस्तिष्क
बन्द हो गया है सन्निपाती प्रलाप
वह जो लाल दैत्य रह-रहकर सपनों में चिंघाड़ता आता था
चारो दिशाओं से
बिला गया है
उन्होंने फेंक भी दिया है बाँह से खोल
अतलांतिक महासागर में
हिन्दुस्तानी पार्टनर का बाँधा हुआ
बजरंगबली का सिद्ध ताबीज

अब चिन्ता की कोई बात नहीं
वे निश्चिन्त हैं
विश्व-बाजार खुला है
आकाश खुला है

आकाश में मँडराते उन्हीं के हैं बमवर्षक
बाजार पर टूटती चीजों की वर्षा उन्हीं की है।

आत्मा के शिकारी

लम्बी दूरी के शूचीमुख अशुचिअन्तस् मारक मिसाइलों से नहीं
कोकाकोला की एक चाकलेटरंगी कमनीय बोतल से
मुष्टिग्राह्य सुग्रीव बोतल से
टकराकर
हमने महान सोवियत राष्ट्र को खण्ड-खण्ड होते देखा
टूक-टूक होते देखा कलेजा मानवता के समतावादी समाज-स्वप्न का

हथियार अनेक हैं उनके पास
वे ही नहीं जिन्हें प्रतिबन्धित करने की
उदार इकतरफा घोषणाओं पर
हस्ताक्षर करते हैं वे
कैमरों के योग्य चकाचौंधी उजाले में

कँटीले हारपूनों से विशाल व्हेलों को बींध
समुद्र को रक्ताक्त करने का दृश्य
उन्हें आम तौर पर पसंद नहीं
वे आत्मा के शिकारी हैं
दानोत्सुक दयालु दमकते राजन्य भारतीय चेहरों से
कोई ताज्जुब नहीं कि मिलते हों उनके चेहरे

द्वन्द्वात्मक भौतिकवाद की पुस्तकों के अगले संस्करणों में
आत्मा शब्द पर नये सिरे से विचार करने की जरूरत होगी
बताना होगा किस तरह चाहे वध्य न हो, वेध्य है आत्मा।

एक विज्ञापन-पट

चीन के सुनीलाकाश में
सुदीर्घाकाश में
तन गया है
एक विशालकाय विज्ञापन-पट
रंगीन नियोनी अक्षरोंवाला
एक नेत्राकर्षक सन्देश-पट
एक चित्र :
दर्जनों क्रेटों की बगल में
एक खुली उफनती उत्तुंग बोतल कोकाकोला की
उसकी दहकती शीतलता
प्यास मिटानेवाली नहीं, पिपासा से भरनेवाली
झाग में नहाई, नहीं दिखती है उसकी कण्ठनलिका
उस झाग में, जिससे
चेतन से परे
अवचेतन की स्वप्नभूमि सिंचती है
और बदलता है धीरे-धीरे
एक स्वप्नलोक
सौवीं रात में निज रंग गन्ध
पुनर्व्यवस्थित हुआ
अब उसमें
किसी यंत्र का मित्रमुख चन्द्र की तरह उगता है, पूर्णचन्द्र
नींद में उग आई झाड़ियों के पीछे से
और विख्यात ब्रांडों की ज्वलित-मुख सिगरेटें
मुखोज्ज्वल संजीवनियों सरीखी दीपती हैं

अखबारनवीस, यह मत बताओ, फीते से नाप
कितने फीट की लम्बाई-चौड़ाई
उस महाकाय विज्ञापन-पट की
देखो कि उसका व्यास विस्तृत अमाप
इनसानी दिमाग के ठीक बराबर

देख सको तो देखो
अन्तरिक्ष से पृथ्वी को देखने पर दिखती है जो

चीन की वह लम्बी दीवार
छोटी हो गई है किस कदर उसकी बगल में
छोटा हो गया है एक महान मानवीय उपक्रम
मायावी दानव-बल के सामने।

जलने नहीं, उजलने दो

अपने ही हाथों देह पर उँड़ेले गए मिट्टी के तेल के साथ
लपटों में जलती है तुम्हारी चमड़ी
तुम्हारे मांस की चिराँयध फैलती है
हड्डियाँ चिटकती हैं
गर्म हवाओं के हाहाकार में क्या सुन पड़ती है तुम्हें चीख-पुकार
अपने यार-दोस्तों की, माँ-बाप की, समस्त संसार की, या कि अपनी ही?

पानी की मोटी धार लिये
आती हैं दमकलें बेतहाशा घण्टियाँ टनटनातीं
वे जो फायर ब्रिगेड के दस्ते भेजते हैं बदहवास
उनकी आँखों का पानी सूख गया है
(सरकारी सम्पत्ति के नुकसान पर अश्रुपूरित उनकी बरजती आवाज)
जिस तरह, अभी हाल ही, भारतीय पुलिस की भीड़-दमन की तकनीक
का आयात करना चाहा रूस ने
शायद कभी अपने इतिहास के कलहाहत बर्बर दौर में
जब रोजी-रोटी के पड़े हों लाले
पेट में हूलती हो क्षुधा और शूलता हो क्षोभ छाती में
जठरानल दावानल बन जाता हो भीषण
जलते प्रश्नवाचक चिह्न पागल नाच करते हों स्तम्भित चौराहों पर
लौह बाड़े के भीतर निरुत्तर पीठासीन प्रदीर्घ प्रस्तर-प्रतिमाओं के सामने—
कोई देश भारतीय फायर ब्रिगेड से
सीखना चाहे जलते हुए मनुष्यों को बुझाने की कला!
लेकिन क्या लहकते लहू और धधकती युवा अस्थियों को बुझा सकता है फायर
ब्रिगेड?

कितनी भी मोटी हो उसकी जलधार
बह रहे आठ-आठ आँसुओं की मानो

तुम्हारा जला-ऐंठा अस्थि-पिंजर
कुछेक बसों और एकाध ट्रेनों के दो-चार डिब्बों के जले-झुलसे पंजरों में
कुछेक उत्तेजित उपद्रवी अग्निकांडों के झुलसे अवशेषों में
बदल-बढ़कर रह जाता है
कि अखबार में उनके कंकाल-चित्र तुम्हारे ही वक्ष की स्याह एक्सरे-प्लेटें
तुम्हारा वक्ष जो जीवन-बिन्दु से बढ़ विश्व-जीवन बनना चाहता था सदा
विश्वास खोकर हताश, आशंकाओं से घिरा हो रहा आत्मघाती

यह आत्मघात यह आत्मदाह
कोई भारतीय हाराकिरी नहीं
जौहर-ज्वाला नहीं, निरुपाय पर निर्भीक
भक् से जल उठते तुम
लुकाठी की तरह
अपने ही हाथों देह पर उँड़ेले गए मिट्टी के तेल के साथ
मशाल नहीं, मसान की सूखी चैली बन जाती है तुम्हारी देह
समिधा उनके यज्ञ की
होम देंगे जो अपनी हथेलियों से
विरोध में उठी कटी बाँहें युवा पीढ़ी की निस्संकोच
इन्द्र-पद की प्राप्ति के लिए
करेंगे वे हजार अश्वमेध राजसूय पुरुषमेध यज्ञ निर्मम
यज्ञ के पुरोहित और यज्ञ के यजमान द्वारा
बलि के लिए यूप से बँधे निर्धन-सुत शुनःशेप के कथागान के बाद
उदुम्बर की आसन्दी पर बैठ कर फेंके गए
उनके राजसूय के अक्ष हो तुम
उनकी राजनीतिक बिसात के पासे जिनकी गोटी हमेशा लाल होती है
विभीदक-बीज विभेदक—वायु-प्रकम्पित बहेड़े के बीज सूखे
तुम्हारे गिरते ही ढलवाँ सड़क पर मुँह के बल
कोई गिन लेता है तुम्हें गिद्ध-दृष्टिपात में
द्यूत-कुशल युद्ध-कुशल
परलोक का भविष्य-भय दिखाते रहे जो नरकों के निर्माता
इहलोक का भविष्य-भय दिखाते ये उन्हीं के वंशज
भविष्य-भीत न होओ तुम
भविष्य की भीत तुम्हारी उजली हड्डियों में ही उठती आकार पाती है
उसे जलने नहीं, उजलने दो।

युद्ध के विरुद्ध

(खाड़ी-युद्ध : 1991)

(एक)

काली वर्षा! एसिड वर्षा!
आसमान रोता है काले आँसू तेजाबी आँसू
युद्ध का धुआँ आकाश के अन्तस में भरा हुआ है
वायुमण्डल के गर्भ-जल में साँसें लेता शिशु ही तो है
यह पृथ्वीगोलक अनन्त आकाश के लिए
सदा-सदा मातृत्व की तरह धरती पर छाया हुआ आकाश
हुआ था कितना खुश
उरग उमगकर जब खग बना था पहली बार
पंखों की कोंपल फूटी थी जब प्राणी-काया में
सदा-सदा मातृत्व की तरह धरती पर छाया हुआ आकाश
हुआ था उस दिन भी कितना-कितना खुश
हँसते-हँसते आँखों के कोरों से लुढ़का था वर्षा-जल
उस दिन जब डगमगाते डग लेते चलना सीख रहे
मानव शिशु की तरह
उड़ा था पहला विमान मानव को ले

वह दिन और यह आज का दिन है
पंजों में बम पकड़े, डैनों में बम बाँधे
युद्धक विमानों की गिद्ध कतारें
रौंद रही हैं आकाश
उस ऊँचाई से लेसर आँखें देखती हैं
हर प्राणी शव है, हर इमारत खँडहर

(दो)

लड़ मरनेवाले सैनिक को मिलती थी वीरगति, निवसने को दिव्य अपर लोक
होते थे पहले भी महाभारत
कुरुक्षेत्र में
होता था मानवता का संहार अमानवीय
तब अर्द्ध-सभ्य थे हम

अब सुसभ्य हैं हम
बीसवीं शताब्दी के इस अन्तिम दशक में
हम जानते हैं कोई दिव्य अपर लोक नहीं मृतात्मा के निवसने को
जो है बस यह पृथ्वी ही है
नक्षत्रमण्डल में यहीं यह जीवन-समर्थक वायुमण्डल

सुसभ्य हैं हम, सचमुच?
फावड़ों से नहीं, बमों-मिसाइलों से रौंदते इस पृथ्वी को
बारूदी धुएँ से उधेड़ते वायुमण्डल
खाँसती-हाँफती-काँपती मानवता किस ओर ताके
सड़क किनारे मन्दिर में मर चुके अर्द्ध-सभ्य ईश्वर की जगह
चमचमाता अचूक कम्प्यूटर खड़ा है वर्जित-प्रवेश शीतकक्ष में
अभेद्य वक्ष में सारे रहस्य छुपाए एक जटिल मौन कि कुटिल मौन

(तीन)

सुनो, सुनो, क्या नाम हैं उन दिव्यास्त्रों के
नारायणास्त्र पाशुपतास्त्र ब्रह्मास्त्र
अरे! वे बाल पतंगें थीं युद्धर्षियों की
सर्वान्तक अस्त्र हैं ये—स्कड, नहीं नहीं, पैट्रिआट टामहाक
हेलफायर मिसाइलें, न्यूट्रान बम न्यूक्लियर बम हाइड्रोजन बम...
अन्तहीन है गिनती इन हथियारों की
इक्कीसवीं शताब्दी के प्रवेश-द्वार पर लटक रहे हैं जो
वन्दनवारों की तरह
उस मंत्रयुग से इस यंत्रयुग तक आते-आते
युद्ध और शान्ति की परिभाषाएँ कितनी बदल गई हैं
नहीं बदली है तो युद्ध की भयावहता—बल्कि और भीषण
और शान्ति की जरूरत बल्कि और ज्यादा

अपने भय से ऊबे
कल ही तो हम इन अस्त्रों को अतलांतिक महासागर में
डुबो देने की सोच रहे थे
डरते-डरते कि क्या इस कालकूट को पचा भी पाएगा महासागर
तब अपने वातानुकूलित शयन-कक्ष में स्लीपिंग पिल्स निगलते
किस कदर डिप्रेशन से ग्रस्त हो उठे थे हथियारों के गोरे सौदागर
और देश-देश में फैले हुए उनके काले-भूरे दलाल

और आज कितने खुश हैं वे—हथियारों के निर्माता विक्रेता
टेलिविजन के सामने उनके गोरे गंजे सिर नींद भूले अपलक निहारना चाहते हैं
विश्व-मंच पर लगी है जो उनके हथियारों की प्रदर्शनी
टेलिविजन के पर्दे पर यह आतिशबाजी का खेल कितना मनमोहक है
यह वीडियो गेम है खाते-पीतों का—रोमांचकारी मनोरंजन
मनोरंजन से अघाए हुओं का मनोरंजन
धरती धाँगने का रोमांच भूले जिनके तलवे
तेलपाई यंत्र-चौपाए हैं जिनके वाहन
पश्चिमी सभ्यता का लीला-विलास
भूगोल को लीलता हुआ विनाश है
भूतल के सारे खनिज खँखोर कर
खनिज तेल की कौन कहे
हो सके तो धरती के अन्तरतम का
तप्त द्रवित लौह लहू भी पी जाना चाहती है उनकी पिपासा
पिघलते हों तो पिघल जाएँ भू-ध्रुवों के हिमाच्छादन
भभ्भड़ छेद होते हों तो हो जाएँ अन्तरिक्ष की ओजोन-छतरी में
गरमाए धरती उफने समुद्र भूने सूर्य
निर्धन क्या चाहे निर्जन हो जाए शेष विश्व
बस वे धन्य-धन्य हों धन से
लेकिन उस पूँजी-पुंज में खोखल है भीतर भय है भारी
क्या यह सच नहीं?
अमेरिका यूरोप का लड़खड़ाता विराट् पूँजी-तंत्र
अब अस्त्रोद्योग के बल पर ही जी सकता है—यह है सच
सच यह है कि तीसरी दुनिया के गरीब मुल्कों के भी तमाम तानाशाह
दिखावटी चुनावों से सत्ता हथियाए जन-दमनकारी शासक
जन-विप्लव से घबराती आततायी सरकारें
वे सब के सब सत्तासीन दुर्दान्त दुष्ट
मन ही मन नोट कर रहे हैं हथियारों के आर्डर
उनके अन्त:करण में पैठा हुआ डर काफूर हो जाएगा
हथियारों की पहली खेप के आते ही
भुजबली पड़ोसी देश से रक्षा के नाम पर
देश की रक्षा!
देश तब तक देखे युद्ध का वीडियो गेम एकटक
नाखून कुतरते

नाखून जो कैल्शियम की कमी से दाँत से छुलाते ही
टूट जाते हैं

(चार)

एक राजनीतिक प्रतीपालंकार हमारे समय का यह दृश्य :
संयुक्त राष्ट्र संघ के सींगों का नाम है संयुक्त राज्य अमेरिका
कि एक उन्मत्त साँड़ है संयुक्त राज्य अमेरिका
और उसका उफनता अंडकोश भर है संयुक्त राष्ट्र संघ

देख सको तो देखो यहाँ से
हमारे समय का यह अनलंकृत सच :
हाथ में मशाल उठाए उस महाकाय लिबर्टी-प्रतिमा के गालों पर
वह शाम की नहीं, शर्म की लाली है
और वह पुत रही कालिख केवल रात की नहीं है

(पाँच)

जाने कितने व्योमपथों से वहाँ तक पहुँचे हुए
खनिज तेल से लथपथ उन समुद्री पक्षियों ने
क्या कभी अपने निर्जल दुःस्वप्न में भी सोचा था
समुद्र इस तरह जल उठेगा भभक उठेगा
धुएँ का विकराल दैत्य घोंटेगा उनके कण्ठ का आकाश ही नहीं, आकाश का कण्ठ

जाने कितने नदीपथों से कभी वहाँ पहुँचे हुए प्राचीन कछुओं के उन उम्रदराज वंशजों ने
अपनी स्मृति-शिराओं में सँजो रखी थी कोई ऐसी संस्मरण-कथा
कि जल जल उठा हो—वह भी जलाधि का जल?

नहीं, ऐसा कोई दुस्संस्मरण नहीं दुस्स्वप्न नहीं
उन जीव-जन्तुओं के पास
बस हमारी जाँघों में है उतनी जिंघासा
उतनी जितनी धरती की छाती में पिटरोल नहीं
किसी मेघमण्डल के पास उतना वज्र नहीं जितना हमारे वक्ष में कोप
न किसी ज्वालामुखी के पास उतना लावा

(छह)

युद्ध-धूम से घुटते घबराए
झुलसते डैनों भागे आए
वे समुद्री पक्षी ही नहीं हैं
दाना चुगने समुद्र पार गई केरल की नर्सें भी हैं
कंस्ट्रक्शन कम्पनियों में काम करते यू.पी.-बिहार के मजूरे भी हैं
वे मजूरे आ गए हैं इमारतों को अधबना छोड़कर
क्योंकि उन्हें ध्वस्त होना ही है
लेकिन मैं नहीं समझ पाता वे नर्सें क्यों आईं
जबकि वहाँ मोमबत्ती की रोशनी में हो रहे हैं युद्धाहतों के ऑपरेशन

जब लोग कमरे में
टेलिविजन के पर्दे के आकाश-पृष्ठ पर या अखबार के पृष्ठाकाश में
आँख फाड़े देखते हैं
पैट्रिआट मिसाइल स्कड मिसाइल को ग्रसने टकराने-ढहाने चौन्ध-लीक खींचता
बढ़ रहा होता है
मैं सड़क पर आँख खोल देखता हूँ
लछमिनिया के दीवट की ढिबरी भक् से बुझ जाती है
रात गिरने से पहले
नूरे मियाँ का हमउम्र जीवट का स्टोव भुकभुकाने लगता है
सूख जाता है तलछट का तेल
एक अंडा भी उबालने का बल नहीं रह जाता है
उसके खाली पेट में

(सात)

युद्ध का अन्त हुआ
युद्ध जीत लिया गया

युद्ध के अन्त पर
एक धुआँसा चेहरा है
टेलिविजन के पर्दों और अखबार के पृष्ठों से पुँछ गया
हुंकार की जगह उठती हुई एक हूक अनसुनी

एक विजेता चेहरा है
टेलिविजन के पर्दों और अखबार के पृष्ठों पर अँक गया
कलिंगजयी विनतशीश चंडाशोक नहीं
प्रचंड अशोक दर्प-तप्त चेहरा एक
पारदर्शी काँच की अभेद्य-लौह टैंक-मुट्ठी में बन्द
और कोई चेहरा नहीं उस रक्त का जो बहा असिधारा-जल बन धारासार

किनके रक्त से लाल हुई पृथ्वी
किनके पाँवों के नीचे की पृथ्वी
क्या यह जानती है पृथ्वी अलग-अलग
कि वह अपने केंकड़ों को रौंदे जाने से बचाने में लगी है
अपनी रेत-रेत सजल आत्मा में विवर देती सत्वर
उन पर चाहे कभी न भी गिरे दिव्यास्त्र—लेसर-चक्षु वज्र
भगदड़ ही बहुत है उन्हें कुचलने को
पृथ्वी के केंकड़े केवल आँकड़े नहीं हैं उसके लिए

और हमें—क्या हमें भुला बैठी है पृथ्वी
जिस तरह हम भुला बैठे हैं पृथ्वी को!?

जीवन-यात्रा के अधरस्ते

आरक्षित डिब्बों के दरवाजे बन्द
शीशा-चढ़ी खिड़कियों के भीतर से बरजते हैं भयभीत भद्र मानव चेहरे
झुंड की झुंड मानव मक्खियों-से टूटे हैं मजूरे
आगे जाओ आगे जाओ दिखता नहीं रिजर्व डिब्बा है भागो जाओ
आगे भी तो दरवाज़ा बन्द मिलिटरी डिब्बा है
उसके आगे फर्स्ट क्लास वातानुकूल चुप-चुप सोए-सोए-से
कि जैसे प्लेटफार्म की हलचल से उनका कुछ न लेना-देना
कि जैसे वे वहाँ हों ही नहीं उस ओर उठती न निगाह
बस, आखिरी छोर पर, दो डिब्बे खुले कि भीड़ ठसाठस
दरवाज़ों का बन्द होना नामुमकिन
गठरी-बक्से के साथ घुसना नामुमकिन
न जाना भी तो नामुमकिन

पक गई है गेहूँ की फसल पंजाब में
खेतों में खड़ी बुलाती है
बिहार के कचियों हँसियों हाथों को
दानों से भरी बालियाँ
झुकी जातीं अपने बोझ से
आओ रे! पाखी! मानुष!
आओ आओ आओ

हाबड़ा अमृतसर मेल की
हाबड़ा अमृतसर एक्सप्रेस की
यह छत है कि जलप्रलय से उबरी पृथ्वी की कच्छप-पीठ
जमे हैं जिस पर मजूरे बिहार बंगाल यू पी के
बक्सा गठरी घुटनों को घेरे
तेज़ हवा में बहक-बहक जाती है बात
बुझती है अभी-अभी सुलगी बीड़ी
डूबता है गीत उठने से पहले
डुलता है तन आती है नींद
नींद
ज्वालामुखी के तृणाच्छादित मुँह पर
कन्दमूल चुननेवालों को
आती है नींद
नींद में ही आते हैं हत्यारे
लाठी-भाले बन्दूकों से लैस
झोपड़ियों को जलानेवाले
आदमियों को जलानेवाले
जमींदार इलाके के
थानेदार इलाके के
खूँखार कारिन्दे, सिपाही
मोटी बहियाँ लिये महाजन
पन्नों को खोल कटे अँगूठे दिखाते गुर्राते
लहू लगे मुँह से
वे सब—जिनके नखदन्त हैं
इलाके के तमाम कलम और कारतूस

अरे ओ!
नींद में कोई बौराता है
लोटन है कि जहाँगीर
सपना है
गाँव के मैदान के टाँगतोड़ गड्ढे का
गणतंत्र दिवस के बाँस का छोड़ा
घास-ढँका बचपन के मैदान के बीचोंबीच

एक मानवनिर्मित मानवबधिक फन्दा झूलता है हरबार
अलग-अलग चीज़ों की परछाईं बनकर
इस बार
यमुना पुल को अलकतरे से रँगने का मचान
चाँदनी-रँगी नींद को उधेड़
लहू से रँगता है
पुल समझ नहीं पाता हुआ, भौंचक
कि वह जो हमेशा जोड़ता है आज तोड़ता क्यों है
वह भी उन्हें जो उसे ईंट-ईंट जोड़ते हैं
यहाँ-वहाँ हर बार
पुल समझ नहीं पाता हुआ, भौंचक
कि भग्नहृदय आज वह लहू से भीगता क्यों है
लहू उनका
खँखोरी गई खदानों के भसकने से दबते हैं जो हर बार
कहीं जहरीली गैस के रिसने से जो मारे जाते हैं
दौड़-दौड़कर भी खूँटे से बँधे पशुओं की तरह
कारखानों के यंत्रचक्र जिनके अंगों की बलि लेते हैं बीच-बीच में
जिनके भाई-बन्द माई-बाप हर बार शीतलहर में घुलटते हैं एक न एक
जो हर बार एक लहूलुहान संख्या हैं
पचास, सौ या हज़ार
हज़ारों हज़ार
जो श्रमिक
कठिन जिनका जीवन-श्रम
जिनकी जीवन-यात्रा के अधबीच
यमुना का पुल बन जाता है गिलोटीन

खच्च से गरदन पर गिरता है गँडासा
अकस्मात्

लहूधार से
वातानुकूलित डिब्बों की सुखनींद न टूटे सहज है
जम जाए लहू टघरने से पहले
स्लीपरों में टप-टप टपक कर कराए याद
हथलपक उचक्कों के बारे में कंडक्टर की हिदायत
खिड़कियों के शीशों को खींच चढ़ाने
ले कमजोर निरुपाय निश्वास

चली गई हैं
गंतव्यगामिनी ट्रेनें
यमुना पुल को रँगनेवाले इस मचान से
झूल रहे हैं तीन लोथड़े मानव तन
लहूसोख अलकतरा पोतनेवाला यह रक्ताक्त मचान
भभकभूख की भाषा-भर नहीं
एक देश का—मानव-समाज का
बिंधा हुआ हृत्स्थल है
जिससे आँखें न चुरा
इक्कीसवीं सदी तक ले जानेवाली गाड़ी के ड्राइवर
ख़तरे के लाल सिगनल की तरह जिसे देखें तो भला
आँखें न मींचकर
हम जिसे देखें तो भला
अख़बार को फेंककर
जिसे देखें तो भला!

अधरात घास-गन्ध

अचानक आधी रात
खुल जाती है नींद
हवा में भीनी-भीनी-सी गन्ध
मन में उमंग
कि दबे पाँव छत पर जा

देखा जाए, कहाँ हैं सप्तर्षि
नथुनों को फुला
खींचता हूँ एक लम्बी साँस
अरे! यह तो घास कटने की ताज़ा गन्ध
क्या यह मेरे बचपन का भिनसार
ओढ़ना हटा, नींद में चलता
देखूँगा क्या गोहाल के पास
काट रहे घास की कुट्टी बाबा
सधे हाथों खट् खट् खट्
बैठूँगा सामने ही उन-सा उकड़ूँ
नींद से मुँदी आँखें
बस खुले नथुने घास की गन्ध से नहाते
फेफड़े
हरी गन्ध से पुलकित रँगे जाते

अचानक आधी रात
खुल जाती है नींद
हवा में भीनी-भीनी-सी गन्ध
मन में उमंग
पैर उतरना चाहते बिस्तरे से
हाथ खोलना चाहते खिड़की
कि तभी खयाल अचानक
कि भूचाल
अरे! कहीं यह फास्जीन गैस तो नहीं
जो महकती ताज़ा कटी घास की तरह
या मिथाइल आइसोसाइनेट या साइनाइड या क्लोरिन
या इन-सा ही कोई नाम
औद्योगिक सभ्यता का जटिल बार्ब्डवायर शब्द कोई
खींचता खरोंच
जन-मन पर

यह खयाल
कि दम घुटता है
आँखें सुलगती-गलती हैं

ग्रसती है चिन्ता, कहाँ दूसरे
अपने घर में या घर से बाहर
दुबले हड़ियल बच्चे-बूढ़े
चिन्ताकुल ममता-मूर्तियाँ
उमगते युवक
जिन्हें साथ होना था
जिनके साथ होना था
इस पल
अपनी नींद में ही जो निरापद
भोले-भाले
निश्शंक निढाल
लेते निश्वास
कि तभी
लहक-लपक पड़ने को उद्यत मन को
फुसलाता है
तन के साथ सोया रहना चाहनेवाला मन-खण्ड
पाखण्ड
अरे! अरे!
व्यर्थ घबराहट! निरर्थक चिन्ता!
यहाँ कहाँ यूनियन कार्बाइड का कारखाना
कोई कीटनाशक संयंत्र
भोपाल नहीं यह, पटना है पटना
गंगा तीरे
दूर बहुत कैंची छोला से
क्या सचमुच?
इस झाँसा-पट्टी से
बच सकती है नींद?
भोपाल से पटना को
या कि वियतनाम से भारत को
अलग कर सोया जा सकता है?
जब वियतनाम की वनस्पति पर
एजेंट आरेंज का कहर टूटता
सघन जंगल जब
झाड़-झंखाड़ होते हैं

निष्कवच होते हैं जन-योद्धा
वध्य केवल वियतनामी गुरिल्ला ही नहीं
हम भी होते हैं
हम सब जो दुनिया के तीन चौथाई देशों में अलग-अलग
अपने देश की माटी को गूँध
बनाना चाहते देश की प्रतिमा नई
देश की माटी खनिजोर्वर
लगी जिसमें साम्राज्यवाद की सेंध
जिसके वक्ष के अमृतकुंड में
गहरे धँसा शोषण का अदृश्य साइफन
अमरीकी अर्थपिशाच की आक्टोपसी सूँड

हाँ, हम सब
गरीब मुल्कों के वासी
पिछड़े अनपढ़
हमारे दलिद्दर पर घड़ियालों के आँसू बहते
करुणा उमड़ती
बढ़ते कर
बघनखे छुपाए
सन्धियों समझौतों सहयोगों में
हाँ, हम सब
गरीब मुल्कों के वासी
आदमी से नीचे
रासायनिक युद्धों के पूर्वाभ्यास के लिए
गिनीपिग

अरे नहीं! नहीं!
तोबा! तोबा!
मुण्ड हिलाता जीभ काटता है दुनिया का सबसे पुराना लोकतंत्र
मुण्ड झुकाता जीभ चलाता है दुनिया का सबसे बड़ा लोकतंत्र
चच्चा सैम को कनखियों से ताकता भतीजा सैमसन :
दुर्घटना है यह
दुखद दुर्घटना
विकास के रस्ते में
तेज़ रफ़्तार गाड़ी बस ज़रा फिसल गई

लेकिन क्या निदान!
जाना तो है गन्तव्य तक
आओ! ब्रेक-टायर दुरुस्त करें हम
होश न खोएँ, नये जोश से
बढ़ें, चाल न अपनी सुस्त करें हम

विकास!
हाँ, ठीक सुना हमने
विनाश नहीं विकास
टूटते हैं अब भी
प्रकृति के प्रकोप हम पर
सूखा बाढ़ शीतलहर
पारा-पारी
अब यह टूटता है
औद्योगिक प्रकोप
प्रकोप क्या, प्रलय का पूर्वाभ्यास
क्या हम सब
अपने-अपने घर में बन्द
दरवाजों की संधों गोखों बच्चों की चीत्कारों में
जहाँ-जहाँ चमकता आकाश
धड़कती छाती बहती आँखों कँपती उँगलियों से
ठूँसते रहेंगे चिथड़े
चिथड़े-चिथड़े कर
फटेहाल जिन्दगी अपनी
कब तक
या तो मरेंगे
या बस बचे रहेंगे
हाँफते खाँसते
गर्भवती माताओं के सिरहाने
जो भविष्य को रचने से पहले
उधड़ा हुआ पाने लगी हैं

क्या हम सब
अपने-अपने घर में बन्द
अधरात अचानक

हवा में घास की गन्ध आने से
सिहरते रहेंगे चुपचाप
स्तब्ध
कि अब सुनाई देगा कोई साइरन
बजेगी कोई ख़तरे की घण्टी
कि हम कहेंगे
बहुत बज चुकी ख़तरे की घण्टी
अपने-अपने घर से बाहर आ
यह एक मुट्ठी की तरह कसने का वक़्त है
विषबेलमुण्ड-से चिकने चमकीले
इस लोकतंत्र नहीं लोभतंत्र को फोड़ने का वक़्त है
सृजन और शान्ति के लिए
कसना ही होगा मानव-समुदायों को
एक संकल्पित मुट्ठी में
युद्ध और विनाश की तिजारत के विरुद्ध
मौत के आढ़तियों की दुकानों के शटर
गिराने ही होंगे
देश-देश में
जनमत के बल से

कहना ही होगा हमें
हम प्रलय होने न देंगे
इस सौरमण्डल में
जीवन-ज्योतित पृथ्वी का गोलक
घूमता रहेगा अनन्तकाल
मानव की जययात्रा
शवयात्रा में बदलेगी नहीं।

वसन्त-विध्वंस

टूसोंवाली टहनी
झूल गई आँखों में सहसा
उमगती, चैत के आकाश में

तब दिखा
कल तक जो
नंग-धड़ंग था
रूखा-सूखा
पेड़ पीपल का
गिराकर पात पुराने
आज शाखाग्रों पर नवपल्लवों से प्रकाशित
हरित दीये हज़ार जल उठे उसके कंकाल में
सूरज को ललकती जीवन की लौएँ बल उठीं
वसन्त, बेशक

वसन्त, हाँ
चिड़ियों ने की है उद्घोषणा
चहचह से गहगह हैं गेह
मादा गौरय्या माता बनने को अकुलाई है
और खुले आकाश के अभ्यासी कबूतर युगल
खोजते हैं कोई निभृत कोना

देख-सुन
मन हरियाया
मेरे भीतर भी वसन्त
बस आया

सकाल बेला यूँ हरियाया मन
विकाल बेला क्यूँ हार गया
देखते टेलिविजन घर-बैठे अधलेटे
अचानक बेघर हो गया मन
बेघर बेकल
हिंसक गति-मतिवाला
वह केवल समुद्री तूफान न था
टारनेडो भयंकर—बवाली बवंडर
चित्त-क्षोभ महासागर का
तबाही मचाता
उजाड़ता घर-बार

मवेशी और मानुष मारता
मिदनापुर की मेदिनी को मरघट बनाता
समुद्रतटीय उड़ीसा के गाँवों को उधेड़ता

वह तो था
कब से
बूढ़ी भारतीय आँखें पहचानती हैं
उसके आने से पहले बननेवाली
कपासी बादलों की आकाशी पगडंडी—
काले घटाटोपी मेघों की अग्रदूत;
बूढ़े भारतीय जिस्म पहचानते हैं
औचक स्तब्ध हवा के भयावह संकेत
मौसम-विज्ञानियों के गिरते पारेवाले
बैरोमीटर से अधिक अचूक
और सकेलती हैं शिशुओं को स्त्रियाँ
हदसाई
और खूँटे से खोलने की जल्दी में
पगहे तोड़ दिये जाते हैं मवेशियों के

है तो वायुमण्डल को
इन मँडराती उग्र वायु-भँवरों की कोई गुप्त जरूरत
समतल होता है इनसे वायु-प्रवाह पृथ्वी पर सब कहीं

समुद्र की देह-गन्ध में उसका चित्त-क्षोभ सूँघता
जानता है यह समुद्रतटीय भारतीय जनपद
जो खिच्चे पौधे की तरह झुककर
गुज़र जाने देता है अपने ऊपर से तूफान
टूटती हैं दो-चार टहनियाँ
उखड़ती-उजड़ती हैं कुछेक पत्तियाँ, बेशक
भारतीय जनपद फिर
उन्नतमाथ खड़ा होता है

तो वह नहीं
यह—
विपदास्थल पर

अपने आदमी को खोकर
गोद के बच्चे को गँवाकर
बिलखती स्त्री के सामने
वह कोई चुस्त-चौकस सरकारी अधिकारी
झाँकता हुआ टेलिविजन के
समाचार-संग्रही कैमरे की निर्दय आँख में
और फड़फड़ाता नोट
राहत के बतौर दिये जानेवाले रुपये
उन्हें फैलाकर उनकी संख्या दिखाता-सा
दिखाता-सा कि देखो, ये इतने कड़क करेन्सी नोट
मानो नये-नये नोटोंवाला एक राजकीय कल्पवृक्ष ही
उगा वहाँ
और यहाँ मैं हूँ कि औचक
टीस उठती है टूसोंवाली एक टहनी मेरे भीतर।

सूखे से जिनका सामना

सूखे से जिनका सामना
कि साबका
बस अखबार के पृष्ठ पर
सूखा जिनके लिए एक समाचार-भर पसरा हुआ है
चाहे कितनी भी जगह में, कॉलम-दर-कॉलम
उनके लिए बस एक चौखट-भर
अगली खबर की दहलीज
उड़ती नज़र से जिसे पार किया जाता है
बिछा हुआ पढ़े जाने को
हर्फ-हर्फ पर हाँफता हुआ
उनके अखबार के पृष्ठ पर
पढ़ लिये जाने के बाद
जो कूलर की हवा में फड़फड़ा रहा है

कभी नहीं फटती उनकी धरती की छाती
गोखुरों को फँसाती हुई

उन जलाशयों के शोक में
तलछट तक सूखे हुए
मरी हुई बड़ी मछलियों की तरह
काँपते रहते हैं जो दिनों तक
मृत्यु-कम्प से कि जीवन-कम्प से
ठीक-ठीक कहा नहीं जा सकता

कभी नहीं मारी जाती है फसल उनकी
खड़ी, खेतों में
असमय ओलों से
नतशीश कटने से बस थोड़ा पहले ही
उनके हिस्से की फसल
पकती तो है खेतों में कहीं
भारतीय खेतों में
उनकी लहलहाती फसल कभी लहूलुहान क्यों नहीं होती
उसे चर क्यों नहीं पाते
पके खेतों में उत्तरप्रदेश के और प्रेमचन्द की कहानियों में
रात-बिरात घुस आनेवाले नीलगायों के झुंड कभी
खाद का दाम बढ़ने से उनका गेहूँ नहीं दुबलाता तनिक
चुपड़े गालोंवाली फूली-फूली रोटियों का गेहूँ
उनकी रसोई की
एक हरी मिर्च तक नहीं मुरझाती
शताब्दी के सबसे भीषण अकाल में
फड़फड़ाकर घोषित कर रहा है जिसे
उनके पढ़ लिये गए अखबार का पृष्ठ
कूलर की हवा में बिरमता हुआ
बिलमता हुआ
एक अनन्त कूड़ेदान में डाले जाने से पहले
जिसके बाहर
आवक्ष आलिंगन के लिए
कबाड़ियों की हड़ीली बाँहें उसकी प्रतीक्षा कर रही हैं

वे नायक जन हैं
कभी-कभी जन-नायक भी

उनका मुकुट नहीं मुरझाता
किसी लोकतंत्र में
उनकी रसोई में
चावलों के सींझने की खुशबू
क्या हर सकेगा कोई अकाल
मरते ढोर-डंगरों की दुस्सह गन्धवाला
उनके दुर्भेद्य द्वार नहीं आता दुर्भिक्ष
डबडबाई आँखों की टकटकी नहीं खटकाती
उनके द्वार की साँकल
हवा के हौले हाथ से भी
पहरा है सख्त
दूर का सूखा निकट आ
एक पल को भी गीली न कर सकेगा उनकी आँखें

उनके केलि-सरोवरों को, स्वीमिंग पूलों को नहीं सुखा सकेगा
कोई ग्रीष्म भीष्म कभी
कोई राजस्थान रेगिस्तान तप-तपकर

उनकी भोजन-मेज़ों की मेजपोश के नीचे
ढँकी रहेगी पलामू के पठारों की दुहरी पीठ
सागवान की लकड़ी बनी सुतवाँ

हैंडपम्पों के कण्ठ खुश्क होने से
उनके आदमकद फ्रिज की बोतलों की लम्बोतरी गरदनें
नहीं काँपेंगी कभी
अपराध-बोध का घूँट न भरेंगी
ध्रुव-प्रदेशों सरीखे हिमानी एकान्त में भी

बाहर उनके ईश्वर का ऐश्वर्य
पल-भर को भी मन्द न होगा, फिक्रमन्द न होगा
उतना भी जितना कभी वोल्टेज लो होने से
बिजली के लट्टू होते हैं

उनके डायनामो
बुलडागों की तरह गुर्रा-गुर्राकर

दूर-दूर रखेंगे अन्धेरे के चौतरफ घेरे को
जलद मेघ की तरह घहराएगी
छतचढ़ टैंक के ऊँट-पेट में पानी पहुँचानेवाली सूँड़दार मशीन
उनके घर
पथराई हुई प्यास के देशव्यापी पसार के बावजूद
कि जब हमारे कण्ठ सूखेंगे
उनके कूलरों के पेट में
जलोदर के मरीज के पेट की तरह
भरा हुआ डोलेगा पानी

शीतताप-नियंत्रित कक्ष में
कोई ताप-परिताप
उनके अन्त:करण के कण्ठ को ऊष्म न करेगा कभी
थोड़ी भी देर

वे जो देश की मुक्त-द्वार आर्थिक नीति के प्रबल समर्थक हैं
सतत सन्नद्ध सन्तरियों से रक्षित सदा रूँधे रहते हैं
उनके घर के कपाट ही नहीं, मन के भी कपाट।

आजादी उर्फ गुलामी

आजादी के गोल्डन जुबली साल में
आजादी का मतलब है
बाजार से अपनी पसंद की चीज चुनने की आजादी

और आपकी पसंद
वे तय करते हैं
जिनके पास उपकरणों का कायाबल
विज्ञापनों का मायाबल

आपकी आजादी पसंद है उन्हें
चीजों का गुलाम बनने की आजादी

यांत्रिक सभ्यता के शीर्ष पर
उन्होंने केवल कम्प्यूटर ही नहीं बनाए हैं
आपके दिमाग को भी कम्प्यूटर में बदल दिया है
जिसका साफ्टवेयर वे सप्लाई करते हैं
घर बैठे होम डिलिवरी
मुफ्त, बिल्कुल मुफ्त

आप भी सोचते हैं, मुस्कुराकर 'थैंक यू' कहना ही अच्छा है
एक बागी दिमाग का बोझ आखिरकार समाज को भी बर्दाश्त नहीं

किसी एक दिन आप नहीं कूद पड़ते बाजार में
विश्वबाजार के इन दिनों में
धीरे-धीरे ही बाजार आपका विश्व बनता है

और अब तो बाजार के हाथों में ही छोड़ दिया गया है दिमाग
मुलायम दिमाग
जिसे कण्डे की तरह गोल करता है बाजार अपने अंगुलिचिह्न देता
कण्डे जो भस्म होने को प्रस्तुत
समुद्रशायी बाडवाग्नि और पेट-जायी जठराग्नि की तरह
बाजार-गर्भ में अहर्निश जलनेवाली आग को
अमन्द रखने के लिए

विश्वबाजार जिनका जठर है
हमेशा उठा हुआ उनका शटर है।

उत्तर-परमात्मा

वे आपादमस्तक शील हैं
जितना चाहो बस उतना अश्लील हैं
विचारक के मुखमण्डलवाले प्रचारक हैं
मुक्त बाजार-व्यवस्था में वे ही उद्धारक हैं!
तुम्हारी रुचियों के रचयिता!
नख से शिख तक तुम्हारा खयाल रखते हैं वे
वे तुम्हारे अकारणबंधु सकारण

दिन-भर की भागदौड़ के लिए देते हैं तुम्हें कारण
दिन-भर की भागदौड़ के लिए
तुम्हें देते हैं वे एक तेज और भरोसेमन्द और दिग्वधुओं को भानेवाला
वाहन, आसान किस्तों पर
(जिस पर सवार हो तुम अपने को कार्तिकेय से कम नहीं समझते)
जूतों से और जाँघिये से और आत्मविश्वास से और
इच्छाओं से वे तुम्हें लैस करते हैं

दिन-भर की भागदौड़ के बाद
तुम्हें तरोताजा करने के लिए
वे एक महान पुष्टिदाता पेय-प्याला लिये खड़े हैं तुम्हारी चौखट पर

दिन की शुरुआत में ही
ताजगी-भरा टूथपेस्ट बन लिपट जाते हैं वे तुम्हारे दाँतों से
झागिल शेविंग क्रीम बन फैल जाते हैं तुम्हारे गालों पर,
धारदार ब्लेड बन फिरते हैं
तारिकानां प्रिय साबुन बन टोहते हैं तुम्हारी देह
दिन-भर शक्ल बदल-बदलकर वे तुम्हारा खयाल रखते हैं
रात भी, देर तक—दूर तक
वे तुम्हारा पीछा करते हैं

तुम्हारे निद्रान्धकार के बाहर बैठ रहते हैं, गोल बाँधे

उनकी परदुखकातरता देखो
अपरम्पार करुणा
तुम्हारे केशों के झड़ने की उन्हें चिन्ता है
तुम्हारे केशों के पकने से वे लजाते हैं
एड़ियाँ फटने के मौसम में
घमौरियाँ उगने के मौसम में
मुँहासों की उम्र में
तुम्हारी प्यास के मौके पर
तुम्हें भूख लगने से पहले
हाजिर हैं वे
उनकी हथेली कल्पतरु का करतल है

तुम्हारी आयु ओक लगाए झुकी खड़ी है उनके आगे

तुम्हारी इच्छाओं का मूर्तिकर्ता
तुम्हारी इच्छाओं का पूर्तिकर्ता
अनन्त देहोंवाला
वह एक माया-पुरुष है
एक छाया-पुरुष
वैज्ञानिक की प्रयोगशाला के फूल-फैलकर
पूँजीवाद की निर्माणशाला बनने की प्रक्रिया में
सिरजा गया है वह
बहुरूपधारी
एक परमात्मा के मरने से पहले
उसकी जगह लेता दूसरा छलावा।

सिगरेटची से

(एक)

नई तरुणाई के उछाह से भरे
जब तुम लाँघ जाना चाहते हो समन्दर—यूँ ही बस खेल-खेल में
और अपने होंठों को खोलकर अपने रक्त के गति-गीत से
भर देना चाहते हो दिगन्त
समन्दर-पार से वे बढ़ाते हैं अपना लम्बा मायावी हाथ
और तुम्हारे अधखुले होंठों के बीच रखते हैं
एक सिगरेट

तुम नहीं फूँक रहे सिगरेट
सच पूछो तो एक सिगरेट-कम्पनी
तुम्हें होंठों से लगाए
गाढ़े कश खींच रही है

और इस तमाशे पर
तालियाँ बजाते
खड़े हैं लोकप्रिय क्रिकेट-खिलाड़ी

और चोटी के संगीतकार
और समारोह-सन्नद्ध उद्घाटन-अधीर पुरस्कार-प्रदान-पटु
देश की शिष्ट मानव-मूर्तियाँ विशिष्ट विभूतियाँ—
भूतपूर्व न्यायाधीश और नौकरशाह और अभूतपूर्व जननेता
और और-और गण्य-मान्य लोग तमाम
देश अब उनकी रंगशाला है जो लुभावने और पुरलुत्फ जहर
के अन्तरराष्ट्रीय सौदागर हैं
वे पश्चिमी सिगरेट-निर्माता कम्पनियाँ
जब उठ रहा उधर बाजार
उन्होंने इधर का रुख किया है
आई हैं गरीब मुल्क के लोगों को
अमीरी की जीवन-शैली सिखाने
कि जहाँ उँगलियों के बीच दबी सिगरेट की लम्बाई से
तय होता है सामाजिक कद

तुम्हारे दृष्टि-तल पर अपने विज्ञापनों की वन्दनवार बाँध
जीवन के मैदान को उन्होंने अपने खेल के मैदान में
और खेल के मैदान को
तुम्हारे बधस्थल में बदल दिया है
जहाँ गूँजता है हर्षध्वनि का हाहाकार

संगीत-समारोह भी उनके विज्ञापन-मंच हैं

उनके गोल में शामिल हैं वे सब जिन्हें देखते
तुम्हारी आँखें चौड़ी होती हैं अचरज-आदर-आनन्द से
दिल की दीवार पर चिपका रखा है तुमने जिनका पोस्टर

उनकी ही ओर हैं
सब संकेतशास्त्री, जनमनोविज्ञानी

वे तुम्हारी मसें फूटने की उम्र के आस-पास खड़े हैं, झुटपुटे में
एकटक तुम्हारा मुँह निहारते
वे घुग्घू नहीं, घाघ

अस्तित्व का उल्लास गीत बन फूटे, इसके पहले ही
तुम्हारे अधखुले होंठों के बीच
रखते हैं वे सिगरेट
रक्त में घुलाते हैं निकोटीन—बंशी डालते हैं
वहाँ उन्हें मछलियाँ पकड़नी हैं ताउम्र

वे तुम्हारी तिल्ली से तेल निकालते हैं
जेब से रुपल्ली
निकालते ही निकालते हैं जीवन-भर, जो, छोटा ही होगा, बीतेगा खाँसते-हाँफते
आनन्द के भरम में मिलेगा
विष और विषाद

सिगरेट जलानेवाली तीली से ललाया-सा उजलाया
तुम्हारे चेहरे का कैशोर्य
दिखता है राह चलते
और मैं थर्रा जाता हूँ अन्दर तक
ओह! यह तुम नहीं फूँक रहे सिगरेट-दर-सिगरेट
यह एक पश्चिमी सिगरेट-कम्पनी है
जो तुम्हें फूँक रही है
सिगरेट-दर-सिगरेट

(दो)

जब तुम
दो हथेलियों के कोटर में
जलाकर, जिआते हो लौ
अधरोष्ठ-दबी सिगरेट का सिरा
सुलगाने के लिए

जब
अपनी जीवन-ज्योति
असमय बुझा चुकी, कृतकाम
उस तीली के
निर्वाक् निर्वात में
उच्च-बिन्दु पर उठा होता है

तुम्हारा हाथ
उसे फेंकने से पहले क्षणांश को ठिठका हुआ, पता नहीं किस संकोच में

जब तुम
माचिस को वापिस
जेब में रख रहे होते हो

तुम देख नहीं पाते
उन तीलियों का सन्ताप
जो उस माचिस में बन्द हैं
माचिस जो बन्द है तुम्हारी जेब में

तीलियाँ आखिर
माचिस की कठसन्दूक में सहेजी
अगिन-सम्भावनाएँ हैं अनगिन

तीलियाँ
एक जंगल के जीवन के कतरे हैं

एक वृक्ष
अपने बादल-बँधे मुँह के बल
गिरता है
आदमियों की दुनिया में
तीलियों में बदलने के लिए

एक तीली!
उसे जंगल ने भेजा है
आदमीयत की खिदमत में

आदमी के जीवन को उजालने के लिए

जंगल ने होम दिया है
आदमी के जठरानल को अपना दावानल

एक तीली आले में खड़ी किंदील के पास जाना चाहती है, लौ उठाए

एक तीली
झुककर
एक चूल्हा सुलगाना चाहती है

सिगरेट का सिरा तो कतई नहीं

जलने से पहले ही एक पश्चात्ताप से भरा जीवन नहीं जीना चाहतीं तीलियाँ
तीलियाँ जो उठ आई हैं
बन्द उस माचिस में
जिसे तुमने खरीदा सिगरेटची!
तुम्हारे फेफड़ों को धुआँने में खर्च नहीं होना चाहती हैं तीलियाँ
भविष्य को भस्म करना उन्हें नहीं भाता—तनिक भी

उनके सींकिया अस्तित्व में न समाने वाली
उन तीलियों की आत्म-घृणा को देखो
उस शर्म को देखो जो उस माचिस में अट नहीं रही है
जितना गर्व उसमें बन्द था उससे बहुत अधिक

तुम इसे नहीं भी जानो
तुम्हारे अनजानते, माचिस को रखनेवाली तुम्हारी जेब इसे महसूस करती है
चाहे गर्म ही रहती हो वह जेब जैसे किसी बुखार में
या चाहे जड़ैया की मरीज हो।

जेब्रा भर की जमीन

(एक)

काली उजली धारियोंवाला जेब्रा
चिड़ियाखानों में और अफ्रीका के जंगलों में
दम तोड़ रहा है
प्रजाति-सन्धि पर खड़ी उधड़ी जा रही है उसकी प्रजाति
जिलाए रख पा रहे हैं हम उसे अभी तक
सभ्यता के सीमान्त पर ही नहीं, सभ्यता के बीचोंबीच
धन्यवाद इसके लिए तो मिलना ही चाहिए हमें
दोनों तरफ ठिठके हुए ट्रैफिक के बीचोंबीच

काली-उजली जेब्रा-धारियों पर पाँव धर
अपने शहर में सड़क पार करते हुए जब कभी याद आता है यह हमें
ठीक उसी पल याद नहीं आता
कि इस धारदार शहर में यह धारीदार जेब्रा ही है
जो हमें जिलाए हुए है
गुर्राती गाड़ियों के बीच दौड़कर सड़क पार करते हुए
जेब्रा भर की जमीन है बमुश्किल हमारी
बाकी सब जब्बर की
जो चलते नहीं, कुचलते हैं
सरेराह

(दो)

संग्राम!
कभी तो सारे ग्राम के इकट्ठा होने का नाम था

देह से छिलती देहवाले इस महानगर में
यह संग्राम ही तो है
अहर्निश एक जीवन-संग्राम
मरण को पीठ दिये
पीठ की ओर से ही आती है मृत्यु
अचानक
कि अचकचाने का भी वक्त नहीं होता

इस संग्राम के पैदल सिपाही
निरस्त्र निष्कवच
हाथ ऊपर उठाए—
किसी हाथ में खाली टिफिन का डिब्बा, किसी में मुड़ी हुई छतरी—
जेब्रा की काली-उजली धारियों पर पाँव धर
ट्रैफिक-सिग्नल के त्रिनेत्र खम्भे की
खुली आँख में झाँकते कनखियों से

पाँवों-पाँवों
सड़क में जड़ रखा गया जेब्रा
अधरात
यातायाताघातों से थर्राती सड़क के निष्कम्प हो जाने पर

सड़क में से निकलता है
काली-उजली धारियाँ कुलाँचों में चमकती हैं
अफ्रीकी जंगलों की ओर नहीं
चिड़ियाखाने के बाड़ेबन्द मैदानों की ओर नहीं
निंदासे-उदासे जेब्रा-यूथों की ओर नहीं
पदातिक तलवों की मिट रही गन्ध को सूँघता
ढूँढ़ता आता है वह जन-जन के द्वार
सपनों के प्यादे अश्वारोही बनते हैं
जिस्म के घाव भर देती है जिजीविषा

सूरज की पहली किरण
जब नगर में उतरती है
गुलाबी तलवोंवाली,
जेब्रा को पाती है वहीं
पदतल के लिए बिछा सड़क का करतल।

थाइलैंड और कंचनजंघा

थाइलैंड की जाँघें
पके फोड़ों की तरह पिराती हैं अधरात
सभ्यता की भोग-शय्या पर रोग-विह्वल

सभ्यता के सीमान्त के सिरहाने
सुबह-शाम सोने की हो उठती है कंचनजंघा
श्रान्त मानवात्मा के शीश टिका पल-दो पल सुस्ताने-सोने,
पुनर्नव होने के लिए।

बाट किनारे की हाट में

राधा है खिरनी
तो फालसा है कृष्ण
जिनकी युगलमूर्ति अपनी टोकरी में सँजोए
बैठी है बुढ़िया

बेरों की टोकरीवाली शबरी नहीं
लेकिन उतनी ही स्नेह-मयी जितनी उसकी ही झुर्रियाँ सहेज सकती हैं
शबरी नहीं लेकिन लाने-खिलाने से पहले चखी हैं उसने भी
खिरनी की पीत मधुर फलियाँ
फालसे के तँबाए खटमिट्ठे गोलक
बेचा भर नहीं है बचाया है उन्हें
किसी रामलला के लिए चाहे वह रामलाल हो उसके सम्मुख
या रहमू या कोई और

बाट किनारे की इस हाट में
अपनी टोकरी पर झुकी हुई बुढ़िया
खिरनी और फालसे के ढेरों को
शिशुओं के शीश सुडौल करनेवाली अपनी हथेली से
रह-रह सहलाती है सकेलती है
बाट किनारे की इस हाट में
अपनी टोकरी पर झुकी हुई बुढ़िया
धरती के समानान्तर दुहरी पीठवाली बुढ़िया है
जिसे राह पर देख
तुम सोचते हो
क्या वह ब्याह होते ही इसकी बहू और फिर उसकी माई हो
खो देनेवाला अपना नाम
धरती पर झुकी दुनिया की डगर में ढूँढ़ती जा रही बुढ़िया है
जबकि वह झुककर गेहूँ के खेतों से बथुए का साग खोंटती रही है जाने कब से

जबकि वह धरती पर झुकी देखती चलती है
चींटियों की पाँतें किस रास्ते धरती को सीती हुई-सी गुजरती हैं
कि जैसे यह धरती उसकी कथरी हो
उसकी ठठरी के गिर्द
उसका ओढ़ना-बिछौना
यह धरती ही उसकी सम्पदा उसकी चिन्ता
किन हाथों में सौंप जाए इसे
आज की जो जनियाँ हैं नवेली कनियाँ
अपने जाए से नहीं, अपने आदमी से नहीं, टेलिविजन से टकटकी लगाए बैठी हैं

ऐसा है जमाना
कि खिरनी खो रही

फालसे से बढ़ रहा फासला
जबकि गोरे-चिट्टे निश्छाय युकिलिप्टस—
धुले-धुलाए-से मानो पश्चिम से सीधे वायुयान से आए—
इस देश के साँवले सघनच्छाय वृक्षों को धकेल रहे पीछे, भूमि से बाहर,
अनस्तित्व की ओर

आँवले और नीम
आम और अर्जुन तो क्या
गूलर और पीपल और बरगद तक
टेक रहे हैं घुटने
इन आक्रान्ताओं के आगे
कट रहे हट रहे
चिरायु पेड़ गतायु हो रहे
मूल्यों का अमूल्यों का मोल-भाव हो रहा
लोकतंत्र लोभतंत्र
यह उपजाऊ देश बहुराष्ट्रीय कम्पनियों का चरागाह बन रहा
डिब्बाबन्द खाद्य-निर्माता कम्पनियाँ
बढ़े हुए किसानों को पिछड़े हुए अनाज उगाने देंगी कब तक?
अनन्य अन्न!

बाट किनारे की इस हाट में
राधा और कृष्ण की युगलमूर्ति की तरह खिरनी और फालसे के ढेरों को
अपनी टोकरी में सँजोए
बूढ़ी दादी के न रहने के बाद
खिरनी और फालसे का क्या होगा
कि केवल पोटैटो और टोमैटो ही बचे रह जाएँगे—
बाट किनारे की इस हाट में—
बरमसिया टमाटर और सदाबहार आलू
जगजीवन में जनजिह्वा पर छा जाने।

दिनान्त पर आलू

सुबह सब्जी-मण्डी से गुजरते हुए
बाजार में नये-नये आए

ललछौंह आलुओं को देखा था
सट्टी से सड़क तक उमड़े पड़ रहे थे
नये-नये आए ललछौंह आलू
घर-घर तक फैल जाने को अधीर
डलियों की चौड़ी अंजलियों में भरे लबालब
पेटू झोलों के दन्तहीन मुँह में झाँकते उत्सुक

दिन बिताकर
उधर से ही लौटते हुए
सँवलाए हुए दिखते हैं बचे हुए आलू
उठ जाने से पहले उठे जाते हुए पैठ के साथ
दिखते हैं मटैले धुमैले
दिन-भर में ही जाने कितनी दुनिया देखे
बाजार के रंग-ढंग

ममतालु किसान-हाथों की मेहनती मजूर उँगलियों से
ज़मीन की रात से उखाड़कर लाए हुए वे
दिखते हैं
रात की ज़मीन को छूते हुए
थकी निदासी देह की कनपटी से
और मैं देखता हूँ, आलुओं की देह के
कार्बोहाइड्रेट में कहाँ से घुलती-मिलती है करुणा
करुणा—जिसे छिलके के साथ छुड़ाकर
शेष कार्बोहाइड्रेट को कतर-कतर
चिप्स में बदलती हैं पैकेटबन्द खाद्यनिर्माता बहुराष्ट्रीय कम्पनियाँ
उन्हें भरतीं पारदर्शी प्लास्टिक-कारागार में
लाभ-लोभ के सर्वग्रासी जबड़ों के बीच लपलपाती जीभ को सौंपने।

यह पृथ्वी क्या केवल तुम्हारी है

एक शक्तिशाली राष्ट्र के सिरमौर!
तुम्हारी उल्लसित कल्पनाओं में
पृथ्वी तुम्हारी उँगलियों पर नाचता क्रीड़ा-कंदुक

—ठीक वैसा जैसा 'दि ग्रेट डिक्टेटर' में
चैप्लिन ने दिखाया था

तुम उसे राष्ट्र की शक्ति-साधना कहते हो
जब परमाणु बम के भूमिगत परीक्षण से फिर-फिर
थर्राते हो पृथ्वी की मिट्टी-देह
पयस्वती पृथ्वी के मर्मस्थल में
मारकर घूँसा
विश्व-मानव-समुदाय में अपनी वज्रमुट्ठी लहराते हो
नृशंस विजेता की बर्बर मुद्रा में
निरस्त्रीकरण-वार्ताओं के दौरान कैमरों के योग्य चकाचौंधी उजाले में
सभ्य-सौम्य-निष्पाप दिखते भी हर बार

लेकिन मैं जानता हूँ
पाषाण युग से भी पीछे
हैं वे पाषाण-हृदय, जो
अत्याधुनिकों में अग्रगामी गिनते हैं खुद को
उनको मानव होना शेष अभी

मैं तुम्हीं से पूछता हूँ
एक शक्तिशाली राष्ट्र के सिरमौर!
दूसरे मुल्कों में मानवाधिकारों के उल्लंघन से आहत मुखमण्डल के गिर्द लिये,
सुदृश्य प्रभामण्डल

समुत्सारणबद्धपर्यन्तमण्डल में बैठे तुम
मैं फटक भी नहीं सकता जिसके करीब
वहीं से
अपने सचिव के कान की मार्फत
गुप्तचर संस्था के प्रधान की मार्फत
पूछते हो तुम
मैं कौन, पूछनेवाला तुम से कुछ भी
मैं कौन, पृथ्वी के बारे में करनेवाला कोई सवाल
मेरी क्या हैसियत
मैं किस खेत की मूली
वैसे भी, जब खेतों पर मालिकाना तुम्हारा

तुम्हारे या भाई-गोतियों के खतियान में दर्ज़ सब जो दर्ज़ किये जाने योग्य है
जोत-कोड़ किसी की, हक-हकूक तुम्हारे!
शोषकों-शासकों का कुनबा देश-भेद नाम-भेद के बावजूद एक!

मैं कहता हूँ
चक्रवर्ती के चक्के के नीचे आने को तैयार
मैं एक कवि
पृथ्वी-सूक्त के रचयिता का वंशज
'मा ते मर्म विमृग्वरि
मा ते हृदयमर्पिपम'
नहीं तुम्हारा मर्म कँपाऊँ, नहीं तुम्हारा हृदय दुखाऊँ-गानेवाले कवि का वंशज
वंशज कंद-मूल खनने के लिए पृथ्वी से क्षमा माँगनेवाले कवि का
पृथ्वी पर चलकर, उसे रौंदने के लिए
क्षमा माँगनेवाले विनतमाथ कवि का उन्नतभाल वंशज!

मैं पूछता हूँ
यह पृथ्वी क्या केवल तुम्हारी है?

क्या तुम्हें
एक केंचुए के पास जाकर
पृथ्वी को उर्वर करने में तल्लीन केंचुए के पास
नहीं पूछना चाहिए
पृथ्वी के बारे में कोई भी अहम फैसला लेने से पहले!

कौन जाने, पृथ्वी के भविष्य को ले, तुमसे ज्यादा चिन्तित रहती हों चींटियाँ!

मेरी हैसियत एक केंचुए की हो
चींटी की तरह कुचल दी जाने की औकात ही हो मेरी तुम्हारे निकट
मेरा मानवाधिकार तुम्हारे दानवाधिकार के आगे नाचीज़!

मैं तुम्हारे लिए खेत की मूली ही सही
चलो, तुम्हारे ही खेत की—और लो, सचमुच की—
इस पृथ्वी पर मेरा अधिकार
तुमसे कम तो नहीं

पृथ्वी के अँधेरे में जागा हुआ जीवन
पृथ्वी के बारे में क्या तुमसे कुछ कम जानता है
कि उसकी राय न जानी जाए
पृथ्वी का भविष्य तय करते वक्त!
एक शक्तिशाली राष्ट्र के सिरमौर!
(अपने ज्वलनशील अहं से
परमाणु बमों के विस्फोटक लाल बटनवाले काले ब्रीफकेस को
बस उतनी दूर लिये
जितनी अपनी बीड़ी से पिटरोल
पिटरोल टैंकर का पियेला ड्राइवर!)

एक नन्हा-सा कीड़ा

यह एक नन्हा-सा कीड़ा
अभी जिसको मसल जाता पैर
जीवन की क्षणभंगुरता पर विचारने का एक लमहा

एक ठिठका हुआ क्षण
जिसको जल्दी से लाँघने में
नहीं दिखता
धरती की सिकुड़न में खोए हुए-से इस कीड़े में
कितने भूकम्पों की स्मृति साँस लेती है
इतिहास के कितने युगों की स्मृति
कि इसके लिए यह कल की ही बात
जब वनमानुष ने दोनों अगले पैर उठाए थे
हाथों के आकार में मानव-सभ्यता ने लिये थे पाँव

अकारण गंभीर और करुण होने के क्षण में
नहीं दिखता
कि यह कीड़ा हमें भी देख रहा है
कि यह जो बचने की भी कोशिश नहीं करता हुआ निरीह-सा कीड़ा है
न जाने कितने प्रलयों में छनकर निकली है इसकी जिजीविषा
और इसकी फुदक में

इतिहास के न जाने कितने अगले युगों तक
जाने की उमंग है।

कीड़े को झुककर देखो

एक कीड़ा अमिट अंकित हो जाएगा
झुककर देखा गया एक कीड़ा
तुम्हारे स्मृति-वक्ष में
सदा के लिए

तुम्हारे साथ ही स्मृतिशेष होगा
अपना प्रजाति-जीवन ही नहीं
अपना एकाकी जीवन जीता हुआ एक कीड़ा
उसके जीने की, जाने की
एक स्मृतिरेख बनेगी
उसके करियर तन की भी एक सुनहली सुबहीली
याकि चितकबरे तन की इन्द्रधनुषी स्मृतिरेख
नील स्मृत्याकाश में तुम्हारे

एक प्रजाति-प्रकाश की लिखावट में
फास्फोरसी लिखावट में
लिख जाएगा उसका होना

वह कीड़ा
देखो
धरती का कितना अन्तरंग है
चाहे जिस कीटकुल का हो वह कुलीन
कीड़ों की किसी गोत का
आकाश चख देखा है उसने अपने पंखों
वह भी उनमें, जिन्हें
आकाश ने नहीं लुभाया है
चिड़ियों की तरह टँग नहीं गए हैं जो
धरती-आकाश के बीच

वृक्ष-शीश पर बनाकर अपना घोंसला
क्योंकि धरती के पास ही नहीं है गुरुत्वाकर्षण
अमाप
है आकाश का आकर्षण
पृथ्वी पर उपजे हुए पंख, आकाशचारी पंख
सौरमण्डल में बँधी हुई भी, आकाशगंगा में नहाने की पृथ्वी-कामना के
अंकुर ही नहीं हैं
आकाश ने भी उकसाया है
पृथ्वी पर जीवन को
अपनी ओर

हाँ, वह कीड़ा
धरती के अनन्य अपनों में
आकाश धाँगकर भी जो
सोते हैं सिर टिका
दूब के पदतल में

झुककर
उस कीड़े को देखो
तो दिखेगा
वह पुल जो प्राणियों के बीच है
इस पृथ्वी पर,
चमक उठेगा तुम्हारे दृष्टिपथ में अभी से
प्रजाति से बँधी प्रजाति के गुणसूत्रों से बननेवाला
पृथ्वी पर के जीवन का 'फिंगरप्रिन्ट'
भविष्य की किसी जैव प्रयोगशाला में

और तब
काँपकर गिर जाएगी
जहरीले कीटनाशक से भरी हुई पिचकारी तुम्हारे हाथ से
तुम चाहोगे कि अतलांतिक महासागर में डूब जाए वह विषैली पिचकारी
नीलकण्ठ महासागर में
जब जान लोगे तुम
धरती के लिए केंचुओं से ज्यादा जरूरी नहीं मनुष्य।

रेशम का कीड़ा

रेशम का कीड़ा
बिक गया है आदमी के हाथों
कब से उसकी प्रशंसाएँ गाई हैं कवियों ने
कब से उसके रेशम पर हाथ फिराकर
स्पंदित करते रहे हैं सामन्त तलवार की मूँठ बन गए हाथ
उसके अस्तित्व के रेशों पर फिरी हैं सराहती हथेलियाँ कब से
अवाक् प्रशंसा में

बिक गया है रेशम का कीड़ा
आदमी के हाथों
रेशम का कीड़ा जो अपनी क़ैद आप बुनता है
अपना तन्मय ब्रह्मांड रचते हुए
शहतूत के पेड़ की जगह आदमी के कन्धे पर उगता है

अब जंगल में वह जी नहीं सकता
अब तो जंगल में उसे छोड़ा भी नहीं जा सकता।

अबके बरसात में

सूर्यास्त की ओर खुलनेवाली
पश्चिमाभिमुख खिड़की मेरे घर की
वर्षाकाल में बन जाती है एक नित-नवीन चित्रपट
सांध्य पश्चिमाकाश वर्षाकाल का
रंगीले बादलोंवाला
जोति-जल पिलाता है
अगले बरस तक जिलाता है
मुझको

शायद कहो तुम सहास
कि अब पकने लगे हैं केश मेरे, कनपटियों पर
पश्चिमावस्था की ओर उन्मुख हूँ
इसलिए ही यह पश्चिमानुराग!

मैं लेकिन
उदास का उदास रहूँगा
बिजली के सूने-सूने लट्टुओं के बराबर हतप्रभ और उदास
इस बीतते भादों में भी
उन बरसाती कीड़ों के शोक में
जो इस बरस नहीं आए
दल-के-दल
रंग-बिरंगे
कीट-पतंगे
बत्ती जलते ही आनेवाले छानेवाले
पढ़ना-लिखना मुश्किल कर देनेवाले
वे अद्भुत अनोखे अनुपम
कीड़े बरसाती
धरती के प्राचीन बाशिंदे
पृथ्वी-पट पर प्रकृति के काढ़े
जिन्दगी के बेल-बूटे नयनाभिराम

क्या हर दिन उठनेवाली इमारतों तले
दब गए वे?
वे—जिनके अस्तित्व की आहट भी
मुश्किल से मिलती है
क्योंकि तनिक भी शोर नहीं मचाते वे अपने होने का

क्या एक पोलिथिन पसर गया
अन्यमनस्क फेंका गया एक पोलिथिन
पृथ्वी पर ही नहीं
उनकी जीवात्मा पर भी?

क्या हिंस्र से और हिंस्र हो रहे कीटनाशकों के
हमलों में
खेत रहे वे अन्ततः
मोर्चा ही नहीं, हार बैठे जीवन-युद्ध?

वर्षाकालीन सांध्य पश्चिमाकाश के सामने खड़े
यह सोचते

भादों के भरे-भरे भूरे-भूरे गुलाबी कोरवाले आकाश-सा चित्त सहसा नीला पड़ जाता है।

अधरात एक जगाती नहीं, सुलाती आवाज़

जाड़े की रात—लम्बी
कई-कई रातोंवाली

जिसके रातान्तरालों पर
सोया-जागा हुआ तन-मन
रात की चारपाई पर
निस्तब्ध शयनकक्षों में जहाँ दिल की जगह एक घड़ी धड़कती है
सुनता है
बाहर से तिर आई
बाहर ठंडी सड़क से
एक परिचित ध्वनि
पटपट की एक आवाज़ कानों के पटपटाने की
अपनी गुड़ीमुड़ी से थोड़ा माथा उठाकर
रात-रंगे एक काले कुत्ते की
सुनता है
और आश्वासन से भरता है
जानता हुआ बाहर कितनी बची है रात
जनपथ से नहीं—जगपथ कितना निकट नभपथ के अभी
जिनके बीच
कि रात के दो पाटों बीच
बहती है नींद की एक नदी
जिसमें जीवात्माएँ मछलियों की तरह डूबती हैं तिरती हैं
जिसमें फिर से डूबते हुए
जाड़ों की लम्बी—एक में अनेक—रात में, रातान्तरालों पर
जगे-से रहते हैं देह-मन के कान
सुनने कान पटपटाने की वह आवाज बाहर सड़क से आई
रात-रंगे एक काले कुत्ते की
होने निश्चिन्त

कि बाहर बची है रात पृथ्वी पर
कि रात-भर बची है पृथ्वी जरूर

निस्तब्ध शयनकक्षों में जहाँ दिल की जगह एक घड़ी धड़कती है
तिर आई उस आवाज में
कोई शिकायत नहीं उलाहना नहीं धिक्कार नहीं
बाहर छोड़ दिये जाने की
पालतू नहीं तो फालतू करार दिये जाने की
भूँक की सरहद पर जंगल को थामे हुए
सूनी सड़कों की पहरेदारी के बावजूद
है तो—उस आवाज़ में एक बेसाख्ता याद
कुतिया माई ने अपने दूध के रंग का एक धूप का कोट बनवा दिया था
कहाँ है वह?

अश्वमेध से आगे

प्रदीर्घ—सहस्त्रों आश्वीन विस्तृत—कड़ियल भूमि पारकर
सामन्तवाद के सीमान्त पर
घोड़े की पीठ से हम उतरे सघनच्छाय अश्वत्थ-तल
दस ध्रुवावर्तों से शोभित
पंचभद्र अष्टमंगल
दीर्घग्रीवाक्षि समसितदशन ताम्रताल्वोष्ठजिह्व
सारे शुभलक्षणों से युक्त हमारा वह अश्व श्यामकर्ण श्वेतवर्ण
सर्वांगशुद्ध
चक्रवर्तियों के योग्य
क्लांत खुरों और रक्ताक्त कश्य-प्रदेश वाला
सरपट दुलकी पोइया उछाल चौकड़ी से थका
अपनी हिनहिनाहट को भी पी बस चुपचाप आँसू बहाता

इस निरापद इतिहास-खण्ड में
इसे किस शत्रु का आभास?
वीतशत्रु हैं हम!
मित्र अश्व!

लौट जाओ वन को अभयारण्यों में जितना भी बचा है वह
यह सच है कि मृग भागेंगे तुमसे दूर-दूर
मृगया-दिवसों की स्मृति से चिहुँक
जंगल देखेगा तुम्हारी बगलों पर मानव-जाँघों के चिह्न

तुम हमें याद करो न करो
अपनी मशीनों की ताकत हम
अश्वशक्ति से बखानेंगे।

मेढक के साथ वर्षा-मंगल

आओ मित्र मेढक
धप्प से इस कमरे में उछल आए
बौछारों से न्यौता देती बरखा के दूत-से
कि चलो भीगते घूम आएँ
साथ-साथ गाएँ वर्षा-मंगल
राह चलते मगन गुनगुनाएँ निराला-गीत
पुकारें बादलों को
'पथ पर मेरा जीवन भर दो
बादल हे अनन्त अम्बर के
बरस सलिल गति उर्मिल कर दो'
बादल हे!
बादल हे!
अनथककण्ठ पुकारें बादलों को
आकण्ठ डूबे बरखा में
आखिर तो जल-थल में तुम्हीं हम हैं गायक

आओ मित्र मेढक
जल-थल को जोड़नेवाले
आकाश अगोरने वाले
दिनोंदिन दुर्लभ होते दादुर
तुम जो वर्षा बीतने के बाद भी सड़क पर
गाड़ियों के टायरों से पिचे
सड़क के कोलतार पर

जगह-जगह दिखा करते थे कायांकित
आओ! बड़े दिनों बाद
हुए दर्शन तुम्हारे
अभी तो खेत बने नहीं जलाशय
सड़कें नालों में और नाले नदियों में नहीं बदले
लेकिन लगता है जल-कल्प होगा
इस बार मेघों में तुम्हारे बराबर संकल्प होगा

आओ भाई भेक! आओ
निर्भीक आओ
सुना है कि बढ़े हैं भाव तुम्हारे
नहीं, यह नहीं कि शीतकालव्यापी तुम्हारी योगनिद्रा में—
यह धरती ही बनी है मोमिया प्लेट
तुम्हारे पंजों में खुँसे हैं पिन
और तुम्हारे खुले वक्ष पर झुके हैं
दुनिया-भर में
शरीर-क्रिया-विज्ञान समझने को उत्सुक
छात्र विद्यालयों-विश्वविद्यालयों के
मानव की विकास-यात्रा के सारथि
समझते श्वास-संचार रक्त-संचार विधि
भोजन-पाचन-प्रक्रिया
दर्शन-घ्राण-श्रवण-उच्चारण तंत्र
नहीं, कानों और बादलों को लुभानेवाले
तुम्हारे गलफड़े नहीं
टाँगें तुम्हारी
भायी हैं यूरोप अमरीका की मांस-स्वाद-लोलुप जिह्वा को
उनके दाँतों को खूब-खूब भाया है
तुम्हारी टाँगों को चिंथोड़ना
उनमें छुपा हुआ स्वाद सभ्य रसज्ञों ने पहचाना है
समझो कि नीची और फीकी हो गई है
मुर्गे की कलगी
हमेशा के लिए
अब जो तुम उछलोगे इस कमरे के बाहर
तो हो सकता है कि

भारत की वर्षा-भीगी मटियाली धरती पर नहीं
अमरीका के किसी सफेद कपड़े से ढँकी टेबुल पर
खाने की प्लेट में गिरो
और इस लम्बी छलाँग के लिए तालियाँ बजाने को
बचे रहें हम
कुछ विदेशी मुद्राएँ खनकाते
मलेरिया के मच्छड़ों से घिरे

हाँ, भाई मेढक! आखिर तुम
एक गरीब मुल्क के वासी
बेचे जाते, खरीदे जाते
यहाँ के खनिजों कंकालों मेधावी मस्तिष्कों के साथ
खरीदे जाते उनके द्वारा
जो खरीदते हैं सब कुछ सब कुछ सब कुछ
सरकारों, शरीरों, आत्माओं को भी
व्यापारी जो धन्ना सेठ
समाए दुनिया ऐसा पेट

तो आओ भाई मेढक
गाएँ हम वर्षा-मंगल
गाएँ कोई निराला गीत
गुहारें बादलों को
'ऐ! विप्लव के वीर'
इस दुनिया की तीन चौथाई पृथ्वी के ऊपर छाए
ओ विद्युत्गर्भ मेघमण्डल!
ओ बादल! दल के दल
मिलकर एक
महाबादल!

मुम्बई का भालू

अभी भी कसक उठता है
कभी भी पहलू में टीस उठता है

राह चलते या गेह बैठे
वह रीछ
मुम्बई के चिड़ियाघर का बाशिंदा
वह काला भालू
जिसकी लोमश कालिमा में
विगत यौवन की चमक अभी नि:शेष नहीं हुई थी
बैठा हुआ अपने पिंजरे में
सलाखों के पास
एक पार्श्वच्छवि उदास, विमन—ओह! विकल
बह रही उसकी दिखती आँख
नथुना भी
शीत-त्रस्त ज्वर-ग्रस्त
हाँफता-काँपता
वह काला भालू
जिसकी बिगड़ी हालत के बारे में
चिड़ियाघर के डॉक्टर या किसी कर्मचारी को बताने की सोचकर भी
जल्दी-जल्दी में हम चले आए थे
घरमुँहे, बस में बैठे
अचानक चिहुँके थे यादकर अपना भूल जाना
लेकिन तब
लक्ष्यवेधी बाण की तरह छूट चुकी सिटी बस को
खींच रही थी
एक घर की दीवार-घड़ी भी
हमारे कारण
बसपहियों की त्वरा में
नामालूम मिल रहा था उसका खिंचाव
और हम चले आए थे
मन को समझाते
कि यह बिहार-यूपी का कोई खस्ताहाल शहर नहीं
मुम्बई है मुम्बई
जहाँ सब कुछ चुस्त-दुरुस्त
लोग-बाग चौकस-चुस्त
ड्यूटी के पाबन्द
यहाँ हरसू कायदा, कायदे पर अमल

बेशक हो चुका होगा दुखियारे भालू का इलाज—सफल
कितना सरल
भरोसे का सम्बल
डँसती दुश्चिन्ताओं के विरुद्ध
हर बार
कोई-न-कोई
मनहाथ-पहुँच में

लेकिन अब
वह एक गुम्मा घाव
पहलू में
कभी भी टीस उठनेवाला—
जंगल से बिछड़ा वह काला भालू
जिसे बीमार छोड़ आए थे हम
जल्दी में
दो पल बिलम भी तो न पाए थे उसके शहराती पिंजरे के पास
जिसने आँख भी न मिलाई थी हमसे
बहती आँख वाला वह काला भालू
मुम्बई के चिड़ियाघर का बाशिंदा
कि हमारे अपराधी वक्ष का।

टेडी बियर में बचे हुए भालू

बच्चियाँ जब
अपने टेडी बियर को छाती से चिपकाए
दुलार रही होंगी
छीज रहे भारतीय जंगलों में
और खोजी दलों और अनुसंधान-स्टेशनों के
        कचरालय बने जा रहे ध्रुवीय प्रदेशों में
बेमौत मारे जा रहे होंगे भालू
काले भालू और भूरे भालू
बगैर किसी रंग-भेद के

कौन मार रहा होगा उन्हें
अपने टेडी बियर को छाती से लगाए
सो जानेवाली बच्चियाँ
क्या कभी सपने में भी जान सकेंगी इसे
निहायत मुलायमियत से उनके आलिंगन से
छुल्लक भल्लूक को हटा उन्हें रजाई उढ़ानेवाले पापा
आज ही कहा था जिन्होंने—बेटे, पुराना पड़ गया है यह
कल ही बाजार से ला देंगे तुम्हारे लिए
एक नया टेडी बियर
प्यारा-सा टेडी बियर—
वही पापा
मदारियों से मुक्त करा
भालुओं को बरास्ते चिड़ियाखाना वापिस जंगल
भिजानेवाले मोह से भरे उनके पापा
शामिल हैं
उनके और अपने भी अनजाने
भालुओं के हत्यारों में
और बेहतर कि इसे कभी न जानें जंगली मधुमक्खियाँ
कि शहदखोर शहदचोर भालुओं के लिए विलाप-नृत्य करती हुई
भंभोड़ डालें बस्तियों पर बस्तियाँ
आत्मघाती अभियानों में

नहीं, नहीं जान सकेंगी बच्चियाँ इसे
और न जान पाएँगे उनके प्यारे पापा
और पीढ़ी-दर-पीढ़ी
जंगली प्रदेशों से और बर्फानी प्रदेशों से अन्ततः मिट गए भालू
टेडी बियर बनकर दुकानों के शो केसों में बैठे रहेंगे अतीतातीत
वत्सल पिताओं की प्रतीक्षा में
मोहित बच्चियों की ममतालु बाँहों के बीच होगी उनकी अन्तिम शरणस्थली
उनकी आत्मा को मिलेगा अभयारण्य
जहाँ माँ चिड़िया की तरह देह ही नहीं मन-प्राण की उष्मा से
सेएँगे वे
वक्षांकुर
भविष्योन्मुख।

गजदन्तधूमगज

(गजदन्तस्करी और उसके कारण होनेवाला हाथियों का उन्मूलन रोकने के लिए, केन्या के राष्ट्रपति द्वारा, हाथीदाँत के एक विशाल ढेर में आग लगाने की ख़बर)

वह गजदन्त का धुआँ
उन श्वेत समिधाओं से उठता हुआ धुआँ
लेता गजाकार आकाश में मेघस्पर्धी
पारकर महादेशान्तराल
केन्या का वनान्धकार छा लेता है आकाश भारत का भी एक पल
उन नगरों का आकाश जिनकी क्षितिज-रेखा में हर तरफ
आम्र-कुंजों को मिटा उग रही है ईंट-लोहे की दीवार
और ग्रामान्तरों वनांचलों का भी आकाश घेरता वह गजदन्तधूमगज
पलामू और बस्तर और केरल के जंगलों में
छीज रहे भारतीय जंगलों में
सूँड़ उठा चिंग्घाड़ना चाहते हाथी समवेत
बच्चों और लाल आँखोंवाले नवजातों को बीच में लिये
आस्तीन में आरी छुपाए गजदन्त-चोरों की हड्डियों से
पसीना छूटता कि नहीं पता नहीं
ड्रेसिंग टेबुलों, शो केसों और सौंदर्याभिलाषी अंगों में खुले-बँधे
गजदन्ताभूषण पसीज उठते हैं
वैभव का भव भीत होता है कि नहीं पता नहीं
आइवरी टावर की चोटी से धड़ाम से ज़मीन पर गिर पड़ती है
आत्म-मुग्ध एक कल्पक आत्मा
हतवाक् रह जाता है
भारत का एक कवि
ऐरावतासीन इन्द्र की स्तुति करनेवाले ऋषियों का वंशज
श्रीहर्ष के स्कन्धावार में
श्रीहर्ष से पहले दिशाधर्षी दर्पशात के मुग्ध दर्शन करनेवाले
बाणभट्ट का वंशज
निर्वाक् रह जाता है भारत का एक कवि
भले ही अब गजगामिनी नहीं रही जिसकी प्रिया
उल्लसित गजानुगामी रहा उसका बचपन

विस्मय-विकसित बचपन
जब भी आए उसके गाँव-नगर में
यहाँ, भारत के हाथी
सामन्तवाद की सेना की अपनी नौकरी से छुट्टी पाकर, छुड़ाकर हिंजीर
बारातों और विजयजुलूसों में अपने विनीत प्रतिनिधि शामिलकर
लम्बोदर को देकर अपना मुदित शीश शाकाहारी
नगर की ओर से निश्चिन्त
गाँवों के किनारे-किनारे
पीठ से हौदा उतारकर हवा लगाते
अभयारण्यों में घूमते
नदियाँ जिनकी सूँड़ों की अँजुरियों को भरने
उद्गम से थोड़ा और जल ले आती हैं अपने वक्ष में
कभी-कभी झारखण्ड के सीमान्त-वृक्ष के साक्ष्य में प्रकट करते
अपने प्रेम का पराक्रम युवा हस्ति-युगल
बस वहीं तक
नगर में तो
मदोन्मत्त हाथी नहीं
सर्कस का समझदार हाथी चाहिए
मदभीगी कनपटियों नहीं, रँगे हुए कर्णपटोंवाला
गिन ले जो पीपल के कुल कितने पेड़ बचे कहाँ-कहाँ
जिसके माथे पर महावत होगा, ट्रैफिक का सिपाही उसी को
जाने का इशारा करेगा
हाथी के लिए यही होगा आने का इशारा
नगर का अन्यमनस्क स्वागत
उसके माथे पर महावत अपने पैरों के अँगूठे दबाएगा
कभी कोंचेगा अंकुश
जब तक यत और यात होंगे शिरोधार्य
शहर का यातायात अबाध चलता रहेगा।

एक कछुवा-शिशु

उत्कल सागर उच्छल
जिसके निर्जन तट पर

आई थीं लहरों पर उपलाती
कठिन खोल के भीतर कोमल मनवाली
गर्भवती कछुवियाँ
प्रजाति-विस्तार की चिन्ता से बोझिल
और रेत के निभृत कोने
देकर अंडे
लौट गई थीं
छोड़ उन्हें सागर की रखवाली में

वह दिन
और यह आज का दिन है
नहीं, अभी दिन कहाँ
दिन तो अभी दूर है एक पहर या शायद दो
रेत की चादर के नीचे
तड़का है खोल
और बहिराया है कछुवा-शिशु

सागर का रोर
बुलाता है उसे
अपनी ओर

सागर!
वह सागरिक है!
पृथ्वी! उसे रास्ता दो

उसकी चुन्धी आँखों के आगे
दुनिया आकार ले रही है

लेकिर सागर!
सागर किधर है?

वह तारकावली क्षितिज पर
लहरोन्नत सागर जिसकी आभा को
भरकर भुजपाश में

रात जगा रहा है निस्तन्द्र
जब आँख मूँद लेता है चन्द्र

वह तारकाभा
क्षितिज को उजलाती, सागर-द्विगुणित

उधर, हाँ, उधर है सागर

चला उधर ही
लबर-दबर
हबर-दबर
कछुवा-शिशु

कि वह
प्रतिकूल दिशा में
क्षितिज को रँगता उजाला—
वह एक नगर की देहाभा
उसे भरमाती

ठिठककर
मुड़
ताकता है उधर
कछुवा-शिशु
जिधर
कुचल डालेंगे नागरिक एक सागरिक को
जहाँ अन्धगति ही अपेक्षित, निर्बन्ध गति ही नियम
सब आगे-आगे सदा भागे-भागे
पिछड़ने से बड़ा नहीं जहाँ दूसरा अपराध

या यदि
सदय हुआ समय
तो उसे बाँध देंगे लोग एक चिड़ियाघर की तलैया से
या किसी प्रमद-वन के क्रीड़ा सरोवर से
जहाँ गाहे-ब-गाहे
उसे कोंचेंगे शरारती बच्चे और झगड़ालू अधेड़

और कोंचेगा अहर्निश, पीछे रह गया
मुँह अन्धेरे, धीरे-धीरे दूर होती नवजातक-पीठ पर, पछाड़ खाता समुद्र
लौटा लाने को विकल, लौट जाता हुआ

वह कछुआ-शिशु मैं हूँ, मैं
अबोध, दिग्भ्रमित, सूँघता क्षितिज
कछुवा-शिशु जो बच गया
तो कच्छप-धर्म निबाहेगा
सागर-मर्म थाहेगा।

नजातदिहन्दा

'वन-विभाग के छापे में 1040 कछुए बरामद'
एक कोने की अपनी खामोशी से चीखती हेडलाइन आज के 'आज' की
जैसा कि वन-विभाग के प्रक्षेत्र-अधिकारी ने
बहादुर स्वर में बताया
आनन-फानन आयोजित प्रेस-कॉन्फ्रेंस में
उपस्थित पत्रकारों को
जो बहुत कम ही पहुँचे थे
वन-विभाग की उस प्रेस-कॉन्फ्रेंस में
जिसका किसी जंगल की तरह हरा न होकर
लक्कड़ की तरह सूखा होना तय था
अधिकारी ने आधिकारिक स्वर में, खाँसकर बताया—
मुखबिर की सूचना पर
वे किये गए
जौनपुर के जलालपुर-स्थित एक बगीचे पर
अधरात अचक्के छापा मारकर
बरामद
हालाँकि हस्बेमामूल
तस्कर
छापामार जीपों की हेडलाइट देखकर
और अँधेरे का लाभ उठाते हुए
भाग गये खरहों की तरह
कछुए बचे रह गए पीछे

बच गए
—स्वर की आधिकारिकता को वैज्ञानिकता में बदलते हुए
बताया उस प्रौढ़ होते भी उत्साही वनाधिकारी ने—
निपोमेरिस कोकेनोइटस प्रजाति-नामधारी कछुए वे
पूर्वी उत्तरप्रदेश की नदियों में पाए जानेवाले अमूमन
—संतोष की साँस छोड़ते हुए
आगे बताया उस भलमन अधिकारी ने—
राजघाट के पास गंगा में
छोड़ दिये गए वे कछुए
कलकत्ता भेजे जाने के लिए
बोरों में बन्दकर रखे गए थे जो
वहाँ से पानी के जहाज में भरकर
और-और नदियों से बटुरे (कि बिछुड़े?)
कछुओं के साथ
उन्हें भेज दिया जाता किसी पश्चिमी मुल्क के बन्दरगाह
जहाँ अन्दरगाह इनकी बेतरह माँग
क्योंकि इनके मांस से
बनाई जाती हैं
यौनोत्तेजना पैदा करनेवाली दवाएँ, वियाग्रा-सरीखी
(पश्चिमी च्यवनप्राश कोई—लेकिन हिंसक)
इसीलिए एक कछुआ वहाँ
चालीस से सौ डालर में बिकता है
सख्त कचकड़े के भीतर कोमल मांसवाला कछुआ
जो दीर्घायु न हो पाए तो भी किसी को दीर्घायु बनाए

आँख गड़ाकर देखा तो भी कहीं नहीं उस खबर में
गंगा में कितने दिन जिएँगे वे भाग्यशाली कछुए
जबकि जलजीवों की प्रजातियाँ ही हुई जातीं अभागी
गंगा का प्रदूषण भीषण
खा रहा उनकी उम्र, नाबूद कर रहा वुजूद
मुटा-बढ़ा रहा जो भले ही किन्हीं के सुनामी-बेनामी बैंक अकाउंट और
औद्योगिक विकास के आँकड़े
दिला रहा हो गंगा को चंगा करने के दावेदार किसी अपर भगीरथ को
अन्तरराष्ट्रीय पर्यावरण-पुरस्कार।

गिद्ध-वृक्ष

उड़ जाते हैं
धरतीफोड़ फव्वारों की तरह अचानक उठ
अबूतर-कबूतर गौरैया-तीतर
जहाँ हैं वहीं से
हेलीकाप्टरी ढंग से

गिद्ध जब उड़ते हैं
रन वे पर दौड़ते जहाज की तरह
जमीन पर कुछ दूर तक दौड़ते हैं
जैसा कभी-कभी करते हैं उनकी परछाइयों को धाँगनेवाले कौवे
और तब बड़े डैनों को खोले
धीरे से छोड़ देते हैं जमीन
हवा में ऊपर उठ जाते हैं
आसमानी ऊँचाइयों के लिए
जहाँ से पृथुला पृथ्वी पर रखनी होती है उन्हें निगाह
कि वहाँ कुछ मर न रहा हो
जिन्दगी के बीचोंबीच

उन सुदूर ऊँचाइयों तक पहुँच नहीं
रे चमरगिद्ध! चंडाल! दूर दूर!!—कहने-रहने वाले
गौरांग बगुला भगतों की
जो छिछले पानी में लम्बी काली टाँगों पर निश्चल—पर निश्छल नहीं—
खड़े निज छवि-मुग्ध

उन विमान-स्पर्धी गिद्ध-ऊँचाइयों से उन्हें
बीच-बीच में दिखता रहता है
गाँव और बियाबान
के संयुक्त सीवान पर का
अपना वास-वृक्ष
जला-झुलसा-सा क्या केवल बीटों से ही?
जिसे बहिष्कृत नहीं किया है
पास-पड़ोस के वृक्षों ने
हाँ, है वह वृक्ष कुछ इकला-सा सदा से
ऊँचा खड़ा तनिक दूर-दूर दूसरों से

बड़े डैनों के योग्य अवकाश लिये चतुर्दिक्
और इन दिनों उर में एक अबूझ उदासी
उसके घोंसलों में के अंडे
हरछौंह सफेद
क्यों तो हुए जा रहे हैं उनके खोल तुनुक—
शायद गिद्ध-भोज्य पशु-मांस में पैवस्त कीटनाशकों के विषवश
असमय भंगुर
ओह! कबसे नहीं गूँजी हैं चित्कारियाँ
किसी गिद्ध-शावक की
उसके घर
अहर्निश एक डर
क्या म्रियमाण हैं
सुनील आकाश को मथनेवाले
उसके सपंख अभिलाष
क्या अब आकाश अगोरती थकेगी
धरती पर लावारिस लाश!

विमानस्पर्धी

खगपथों पर
पक्षियों से जा टकराते हैं विमान, अन्धाधुन्ध
और ध्वंस का जिम्मेदार
पक्षी को ठहराया जाता है
बेसबब बेसब्र चील को
दूर धरती के एक कसाईखाने की धुरी पर गगन मँडराते गिद्ध को

जबकि वे
खगपथों को मेघपथों से जोड़नेवाले अकासी सिवान पर—
तारापथ जहाँ से दीख जाता दिन में ही उन्हें—
अँक रही अन्तिम उड़ानें हैं
पक्षिकुल की
जिन्हें
विमान-कम्पनियों और बीमा-कम्पनियों का अभिशाप—किन्हीं का लाभ—

नीचे, धरती पर, कीटनाशकों का जहर बनकर मार रहा है
उनके अंडों को तुनुक बनाकर तोड़ रहा है, असमय
घोंसलों में ही बुझा दे रहा है जीवन-जोत, भ्रूण का अनबना गला टीपकर
खेचर प्रजातियों को पोंछ रहा है आकाश से
पंख-भर आकाश के आश्वासन के साथ जिन्हें उपजाया था धरती ने
भेजा था आकाश की सैर पर
जिनके लौट आने का
इंतजार करती है धरती
ऊँचे वृक्षों की फुनगियों में रोपे कान

एक विमान के गर्म लहू से गीली-झुलसी धरती
उस पक्षी का भी शोक करती है
जो लहू की एक बूँद बन चू पड़ा
वह आकाश का आँसू नहीं
धरती की उमंग था।

ओ-ओ आ-आ का विदागीत

ओ-ओ आ-आ
इकला वह पंछी रहा गा
हवाई द्वीप के अपने दलदली ठिकाने पर
मिथुन-गीत
वर्षों से पुकारता प्रिया को
कहाँ है उसकी मादा
जननी अजन्मे शावकों की
उड़ गई अनस्तित्व के आकाश में
खोंसकर अपने रंगीन पर
नववर्ष के उत्सवी टोपों में
पिछले किसी साल
छोड़ उसे इकला

ओ-ओ आ-आ का अनुत्तरित मिथुन-गीत
हवाई द्वीप के उसके दलदली ठिकाने पर
एक प्रजाति का विदा-गीत है

जिसे सुनो चेतो
बहसों और बुझौवलों के बीच
कि लाखों वर्ष पूर्व कैसे लुप्त हुए डायनोसार
पृथ्वीजेता भीमकाय डायनोसार
किसी विशाल धूमकेतु से टकराई थी पृथ्वी
कि विराट् उल्का-प्रस्तर बरसा था पृथ्वी पर
देखो, यहाँ से वहाँ तक यह क्रेटर, इस भूरे पत्थर में इरीडियम-स्तर
यह यहाँ माइक्रोस्कोप से, वह वहाँ टेलेस्कोप से

अरे! देखो स्टेथेस्कोप से
सुनो छाती के घर्घर में अन्त:करण की आवाज
असंख्य जीव-जन्तुओं से भरी धरती के लिए
विशालतम धूमकेतु से, विराटतम उल्का-प्रस्तर से भी
अधिक दुस्सह, अधिक दुर्दान्त
हो रहा आदमी
हर दिन लुप्त हो रही शताधिक प्रजातियाँ
धरती की अनन्य जीव-रचनाएँ
आदमी के सर्वस्व-संहारी आत्म-विस्तार में

ओ-ओ आ-आ के वंशी-स्वर को
हाथ हिला विदा दो
अभी जबकि म्युजियम में चकित
बादल की तरह मुलायम उस राजसी चोंगे के सामने से गुजर रहे हैं तुम्हारे बच्चे
जिसके दामन में सिले अस्सी हजार पंछियों के उधड़े पंख हैं
और छीजते जंगलों में यहाँ-वहाँ लटके हुए
शहद के छत्ते वृक्ष के तनाकार—
चिड़ियों की पोली हड्डियों की तरह हवा-हल्के, मधुभार-बोझिल—
मधुखौकी चिड़ियों की लम्बी कठिन चोंचों के बिना
रंध्र-रंध्र में उदास हैं।

एक शोकाकुल स्वागत

समाजशास्त्रियों के आँकड़ों में
बढ़े जा रहे हैं प्रेम-विवाह

जबकि सच तो यह है कि
साइबेरियाई सारसों की तरह प्रेमी विलुप्त हुए जा रहे हैं

वे जो यहाँ-वहाँ दिखते हैं
ताल-तलैयों में
नदियों-खेतों में
घात लगाए बारहो मास
बगुले हैं
गाय बगुले या कि मलंग
सारस नहीं हैं वे—कुलंग
रुद्ध पितरों और क्रुद्ध पिताओं की भाषा में जो
कुलांगार कहे जाते हैं

ये वे हैं जो
बाँधते हैं जनम भर के लिए जोड़ा
वियोग में तड़प-तड़पकर दे देते हैं प्राण
क्रौञ्च हैं वे जिसके विरहातुर करुण क्रेंकार से
विषाद में डूब जाते हैं आदिकवि
निषाद को देते शाप
कर नहीं सकते क्षोभ का शमन
शोक श्लोक बन फूटता है :
मा निषाद! प्रतिष्ठां त्वमगमः शाश्वतीः समाः
यत्क्रौञ्चमिथुनादेकमवधीः काममोहितम्

आज हम—वाल्मीकि के वंशज
खड़े हैं हतवाक्
समझ नहीं पाते
कि आए हैं जो इस बरस
शीतकाल के अतिथि यायावर
साइबेरियाई सारस
भारत-भू पर
उतरे हैं
भरतपुर में
उनका किन शब्दों में करें शोकाकुल स्वागत

कि वे सैकड़ों के झुंड में नहीं
बस पाँच हैं, पाँच
एक हाथ की उँगलियों पर गिने जाने लायक

वे पाँच हैं
यानी उनमें एक इकला है या इकली है
उसकी वेदना को मापने के लिए अभी कोई यंत्र
ईजाद नहीं किया हमारे विज्ञान ने
क्योंकि उससे सधता नहीं कोई मतलब
मतलबी मतलब
है तो हमारा हृत्यंत्र
जिसकी सुई पगलाई-सी चारों ओर घूमती है
शायद कहे कोई जीववैज्ञानिक मुँह बना
सम्भवत: यह मैग्नेटाइट के कारण
हाँ, उस चुम्बकीय धातु के कारण जो शक है कि इन पक्षियों के भीतर होता है
देता दिशाज्ञान हज़ारों हज़ार मील के सफर में

सच तो यह
कि कल के व्याध भी आज एक विलुप्त होती हुई प्रजाति हैं
आदिकवि के शाप से ग्रस्त

सच तो यह
कि मामला संगीन है
इन यायावर पाखियों के रास्ते में उगे हैं संगीनों के जंगल
विस्फोटों से धुआँ रहा है अफगानिस्तान का आकाश
उधड़ रही है धरती
आज के शिकारियों के जाल दिखते नहीं तनिक
सन्धियों और दुरभिसन्धियों के मोटे तनेवाले पेड़ों के पीछे खड़े
गठबन्धनों के हठबन्धन-सूत्र सम्भाले
अर्थपिशाच होते भी वे लोक में सर्वाधिक प्रतिष्ठित लोग हैं
सुरक्षित गुप्त स्थलों पर कि लवेंडर-वासित तन के भीतर
अपने मन की सर्वग्रासी सर्वनाशी गन्धकी गैसों के दहानों पर
हथियारों के विशाल कारखाने बिठा रखे हैं उन्होंने
बारूदी सुरंग-जाल बिछा रखे हैं

अपने पैरों तले से परे की शेष पृथ्वी पर
उनके आदमखोर हथियारों को पशु-पक्षियों से भी कोई परहेज नहीं

अपनी काँपती हथेली में
भारतीय प्रेमियों और साइबेरियाई सारसों को सम्भाले
आदिकवि का एक वंशज
चाहे मुँह से शाप नहीं उचारे
बखूबी जानता है
शाश्वत नहीं हो सकती कदापि प्रतिष्ठा वधिकों की।

प्लास्टिक के सुग्गे

बाजार का जो तनिक खुला-फैला इलाका है
मेला जैसा हो गया
उत्सवी रंगीन
उसके सबसे चहकते रंग
दो टोकरियों की बँहगी में सम्भाले
बैठे हैं उँकडूँ एक बूढ़े बाबा
मटियाली लुंगी के चारखानों से उभरे निकले घुटनों पर टिकाए ठोढ़ी
हाथ दाहिना तनिक बढ़ाए आगे
रोपे जमीन में बँहगी का डंडा
कि जीवन का झंडा

बैठे हैं जो
खिलौनोंवाले बूढ़े बाबा
उनकी टोकरियों की बँहगी में
प्लास्टिक के सुग्गे हैं
बहुत नन्हे, ललमुनिया जैसे
और हरितपर्णवर्ण ही नहीं, हरे इतने
कि उनका रंग छूट-छूटकर
आती-जाती आँखों में लगता है
नेत्रगोलक हरे हो जाते हैं—गहरे रंग से बहरे, थोड़ी देर, थोड़ी दूर

प्लास्टिक के वे सुग्गे
लेकिन पंख उन्होंने चिड़ियों के पहन रखे हैं
असली चिड़ियों के असली पंख
किन्हीं मँझोली चिड़ियों के भीतरी पंख हैं वे, उड़नेवाले नहीं
देह से लगे रहनेवाले, कोमल
देह को गर्मानेवाले पंख, बनानेवाले उष्ण-रक्त
उधड़े जाने किन-किन चिड़िया-देहों से
रँगे गाढ़े सुआपंखी रंग में, उन्हें अब
किसी चिड़िया के करीब इन प्लास्टिक सुग्गों की
देह ही मिल सकती है आत्मीय, जिन्हें धारण कर,
चाहते हैं प्लास्टिक के हरे पक्षी—वे सुग्गे
उन पंखों से ही
न उड़नेवाले उन कोमल पंखों से ही
उड़-उड़
हर घर में जाएँ, समाएँ
टेलिविजन सेट के ऊपर
किताबों की शेल्फ में की खाली जगह में
किसी आले में जिस पर कैलेण्डर का पर्दा न पड़ा हो भले ही विराजता हो
कोई बिसरा हुआ लघुकाय देवता निद्रालीन
रह-रह चौंक, जग, उसाँस भरते वक्ष से देता अस्फुट आशीष
याकि एक टेबुल घड़ी—टाइम पीस एक तनिक पुराने मॉडल की
तीखे अलारमवाली
जिसके कर्कश शोर की भी कोई परवा नहीं उन्हें
कहीं भी, कभी भी
जहाँ भी बस जरा-सी जगह मिले
सजाना चाहते हैं एक संसार जो उनके बिना मलिन होता
जा बसना चाहते हैं वे प्लास्टिक के हरियर सुग्गे
छोड़कर बाप का घर बेटियों की तरह
बाज के घोंसले तक में भी!

लेकिन प्लास्टिक के उन हरे सुग्गों के टहकते रंग में
वह जो चिचियाहट है उग्र, करुण
उसे कोई नहीं सुनता
बच्चों की आँखों से तो कबके गिर गए हैं ऐसे खिलौने

कि जैसे वे शैशव के खिलौने नहीं
खिलौनों का शैशव हों
बहुत पीछे की बात
व्यतीत अतीत एक
एक विलुप्त खिलौना-प्रजाति डोडो की तरह खाल में भुस्स-भरी

अब तो उन बूढ़े बाबा की टोकरियों के आँगन में ही
उन चिड़ियों की चह-चह के लिए जगह है
मोह का तार उनके पंजों के लिए उन्हीं के हियबीच बँधा है
उन प्लास्टिक के सुग्गों के लिए
बूढ़े बाबा के शैशव का अतीताकाश ही है
धरती के गुरुत्वाकर्षण की तरह उन्हें पकड़े हुए
नहीं तो चिचियाते उड़ जाएँ वे
अनस्तित्व के निर्भार अन्तरिक्ष में खो जाएँ
और किसी को खबर न हो
उन बच्चों को तो कतई नहीं जो उन्हें बिसरा बैठे हैं
और छीजती हरियालीवाली पृथ्वी पर हरा रंग थोड़ा भी
कम न हो कहीं किसी कोने में!

बीज-व्यथा

वे बीज
जो बखारी में बन्द
कुठलों में सहेजे
हंडियों में जुगोए
दिनोंदिन सूखते देखते थे मेघ-स्वप्न
चिलकती दुपहरिया में
उठँगी देह की मूँदी आँखों से
उनींदे गेह के अनमुँद गोखों से
निकलकर
खेतों में पीली तितलियों की तरह मँडराते थे
वे बीज—अनन्य अन्नों के एकल बीज
अनादि जीवन-परम्परा के अन्तिम वंशज

भारतभूमि के अन्नमय कोश के मधुमय प्राण
तितलियों की तरह ही मार दिये गए
मरी पूरबी तितलियों की तरह ही
नायाब नमूनों की तरह जतन से सँजो रखे गए हैं वे
वहाँ—सुदूर पच्छिम के जीन-बैंक में
बीज-संग्रहालय में
सुदूर पच्छिम जो उतना दूर भी नहीं है
बस उतना ही जितना निवाले से मुँह
सुदूर पच्छिम जो पुरातन मायावी स्वर्ग का है अधुनातन प्रतिरूप
नन्दनवन अनिन्द्य
जहाँ से निकलकर
आते हैं वे पुष्ट दुष्ट संकर बीज
भारत के खेतों पर छा जाने
दुबले एकल भारतीय बीजों को बहियाकर
आते हैं वे आक्रान्ता बीज टिड्डी दलों की तरह छाते आकाश
भूमि को अँधराते
यहाँ की मिट्‌टी में जड़ें जमाने
फैलने-फूलने
रासायनिक खादों और कीटनाशकों के जहरीले संयंत्रों की
आयातित तकनीक आती है पीछे-पीछे
तुम्हारा घर उजाड़कर अपना घर भरनेवाली आयातित तकनीक
यहाँ के अन्न-जल में ज़हर भरनेवाली
ज़हर भरनेवाली शिशुमुख से लगी माँ की छाती के अमृतोपम दूध तक में
कहर ढानेवाली बगैर कुहराम

वे बीज
भारतभूमि के अद्‌भुत जीवन-स्फुलिंग
अन्नात्मा अनन्य
जो यहाँ बस बहुत बूढ़े किसानों की स्मृति में ही बचे हुए हैं
दिनोंदिन धुँधलाते—दूर से दूरतर
खोए जाते निर्जल अतीत में
जाते-जाते हमें सजल आँखों से देखते हैं
कि हों हमारी भी आँखें सजल
कि उन्हें बस अँजुरी भर ही जल चाहिए था जीते जी सिंचन के लिए

और अब तर्पण के लिए
बस अँजुरी भर ही जल
वे नहीं हैं आधुनिक पुष्ट दुष्ट संकर बीज—
क्रीम-पाउडर की तरह देह में रासायनिक खाद-कीटनाशक मले
बड़े-बड़े बाँधों के डुबाँव जल के बाथ-टब में नहाते लहलहे।

खेसाड़ी दाल की तरह निन्दित

खेसाड़ी दाल की तरह निन्दित
उखाड़कर फेंक दिया जाऊँगा
भारतीय कविता के क्षेत्र से

उस जगह लाल गालवाले टमाटर बोए जाएँगे
टमाटर ही टमाटर
जैव प्रयोगशालाओं में परिवर्तित अन्त:रचनावाले
स्वस्थ-सुन्दर-दीर्घायु
गुदाज़ होगी उनकी देह
अनिन्द्य होगा उनका रस
बोतलों में सरलता से बन्द होकर
शुष्कहृदयों को रसिक बनाएँगे
रसिकों को ललचाएँगे
और रसज्ञों को भाएँगे
वे टमाटर
इनके खेत और उनके घर भरेंगे
उनके गुण गाते न थकेंगे गुणीजन
उनकी अनुशंसा होगी, प्रशंसा होगी
वे युगानुकूल माने जाएँगे निर्विवाद

मानव-संसाधन-मंत्रालय के अन्तर्गत
संस्कृति विभाग में
गुपचुप खुला है एक प्रकोष्ठ
कृषि-मंत्रालय के खाद्य प्रसंस्करण प्रभाग के साझे में
क्योंकि अब लक्ष्य है निर्यात और अभीष्ट है विदेशी पूँजी-निवेश

और यह है निश्चित
कि देसी और दुब्बर खेसाड़ी दाल की तरह निन्दित
उखाड़कर फेंक दिया जाऊँगा
भारतीय कविता के क्षेत्र से
क्योंकि अब
इतिहास की गति के भरोसे न बैठ
इतिहास की मति बदलने की तकनीक है उनकी मुट्ठी में

खो जाऊँगा
जिस तरह खो गई है
बटलोई में दाल चुरने की सुगन्ध
अधिकतर घरों में
और अखबारों को खबर नहीं
अखबारों के पृष्ठ पर
विज्ञापनों से बची जगह में
वर्ल्ड बैंक के आधिकारिक प्रवक्ता का बयान होगा
खुशी और धमकी के ताने-बानेवाला बयान
जिसका मसौदा
किसी अर्थशास्त्री ने नहीं
किसी भाषाशास्त्री ने नहीं
बल्कि सामरिक जासूसों की स्पेशल टीम ने
टास्क फोर्स ने
तैयार किया होगा
ढँकने-तोपने—कैमाउफ्लेज—में माहिर
पॅन्टागन और सी.आई.ए. के चुनिन्दा युद्धकला-विशारद अफसरों के
एक संयुक्त गुप्त दल ने।

लुप्त होती प्रजातियों के अन्तिम वंशधर

लुप्त होती प्रजातियों के अन्तिम वंशधर
पृथ्वी पर टहल रहे हैं निश्शंक
अनस्तित्व के अतल से एक पग पहले
आर्तनाद नहीं, आह्लाद से भरे

लुप्त होती प्रजातियों के अन्तिम वंशधर
शायद अस्थियों में आगामी प्रजातियों के लिए
जैविक खाद बनने की खुशी का फासफोरस लिये
कि जब से प्रणयी बारहसिंगे के सींग
झाड़ियों से कि झाड़ियों के न रहने से उलझने लगे
अभयारण्यों में भयभीत
अनागरिक
तभी से जब से नगर में बैलों के सींगों में तेल मलने लगे हम
उनकी आँड़ कूट देने के बाद
उनका वीर्यकोश मधुमक्खियों के मधुकोश से भी अधिक सहजता से
तोड़कर उतार देने के बाद
उनके कन्धों पर गाड़ी का जूआ रखने से पहले
हाँ, जब से हम दयालु ममतालु गाड़ीवानों की तरह
तपती जेठ-दोपहरियों में
उनके सींगों को बाँध देते रहे देह से उतारकर अपना अकेला कुर्ता
पाशुपत प्रेम-पगे
तब से, हाँ, तभी से
भूल गए हम देखना कि मित्र चिड़िया
बैल के सींगों के बीच
उसकी आँख की कोर के कीचड़ से चोंच भर की दूरी पर
उतरती है
हमारे कन्धे पर कभी नहीं
हमारे चश्मे की कमानी पर कभी नहीं
ठूँठ के स्कन्ध में भी जो पुलक की कोंपल उमगती है
उससे वंचित रह जाते हैं हमारे कन्धे
दो खम्भों के बीच खिंचे तार में जो स्पर्श-विद्युत् उमगती है
उससे वंचित रह जाती हैं हमारे चश्मे की कमानियाँ
आँखों से कानों के बीच बँधी हुई
आकाश अगोरती खगगतिमुग्ध आँखों पर भी—
वह देखना भूले क्योंकि मानव-अस्तित्व तक पहुँचाती सीढ़ियों की तरह
ताकने लगे हम शेष प्रजातियों को
चिड़ियाघर में हर एक के लिए कठघरे के बराबर पृथ्वी छोड़ देते उदार
अपने बच्चों के लिए एक विस्मयदायी बुझौवल
कि पहचानो इस प्रजाति-आकृति जीवाकृति में

आगामी मानव-जीवन के पदचिह्न
कभी नहीं सकुचाते हुए
कठघरे के बाहर से देखते
हमारा अनुकरण
भूले कि ये हम हैं जो अनुसरण कर आए
मुदित भूले, नहीं तो जवाब देना पड़ेगा, कटघरे में खड़े हो
कि अगली प्रजाति बन हम आए
अन्तिम क्यों हुए और अन्तक।

विदा, भाप-इंजन

दुनिया के प्लेटफार्म पर
खड़ा है भाप-इंजन
विदा लेता हुआ
उसका काला-कलूटा तन
हिचकियों के हिचकोले में झूलता-सा
आ गए हैं रंग-बिरंगे नये इंजन नवयुगी
डीजल के, बिजली के
गति की प्रगति युग-सत्य!
जिसके समर्थन में
आज उसकी वाष्पाकुल सीटी
जयकारे-सी नहीं, कचोटती कराह-सी
भेदती लगती आसमान
गगनभेदी कूक में उठती हूक मनवेधी
कि कल को जिसके बिना
दूर-दूर तक घरों में
सुबह रसोइयों में
गृहिणियों को पंजों पर दौड़ा बुलाने वाली
फफनते प्रेशर कुकरों की सुदीर्घ सीटियाँ
हो-हो जाएँगी उदास
जब भाप इंजन की धक्-धक् सो जाएगी सदा के लिए
हुक्के की गुड़गुड़ी के मद्धिम जलतरंग को छाती से लगाए

संचार युग यह? हाँ
बस भावनाओं का संचार नहीं होता हममें
दुनिया के प्लेटफार्म को छोड़ रहे
विदा लेते भाप इंजन को
विदा देतीं बस रेल-पथ के समानान्तर सड़क से गुजरती
बैलगाड़ियों की बैल-आँखें सजल
हमारी आँखें गीली नहीं होतीं
होतीं तो बस कडुआती यादकर
कि उनमें चला गया हो कोयले का कण
खिड़की से झाँकते—
जब जमीन पर पसरे किसी बड़े-से तालाब के किनारे-किनारे मुड़कर
रेल एक मेहराब बनाती हो
नर्तकी की देह ही जानती हो जैसी भंगिमा—
दिखा हो
खिड़की के सामने दहकते कोयलों के दिलवाले भाप-इंजन का चेहरा
माँओं की गोद में किलक उठे नन्हे शिशुओं की आँखों में आँजता काजल
अपने कजरौटे से कि अँतरौटे से
एक ममतालु आदिवासी चेहरा गोदना-सजा
गाढ़ी पेंसिल याकि चारकोल से आँका गया
स्मृति-चित्र बनकर
जिसे बार-बार याद आना है
आनेवाले दिनों में
इन जानेवाले दिनों के बाद।

चन्द्रबिन्दु की चिन्ता

मुझे चन्द्रबिन्दु की चिन्ता है

चन्द्रबिन्दु नहीं नभ का
भाषा का
लिपि का
देवनागरी लिपि का
एक मानव-समाज की ऊर्जा का एक अर्थचित्र

नयनाभिराम
लिपि के नभ का चन्द्रबिन्दु
लिपि जो एक मानव-सभ्यता का आँगन है

मुझे चन्द्रबिन्दु की चिन्ता है
लिपि को सुदूर जन तक पसारने वाले ये छापाखाने
रौंद जाएँगे क्या
देवनागरी लिपि की सर्वाधिक सुन्दर सुघड़ कोमल आकृति
यंत्र-वक्ष में
न रहेगी चन्द्रबिन्दु के लिए जगह
सूरज की पीठ पर छपनेवाले अखबार
छपेंगे चन्द्रबिन्दु के बगैर

बड़ी होगी जो पीढ़ी बेटे-बेटियों की
अनुस्वार के उदित गोलाकार में चन्द्रबिन्दु की अस्ताभा नहीं पहचानेगी।

मूर्धन्य ष के लिए एक विदा-गीत

बेचारा मूर्धन्य ष
जो ऋषि-महर्षि में ही बचा हुआ है
और राष्ट्र में षड्यंत्र में और षट्कोण में
और ऐसी ही दो-चार अजीबोगरीब जगहों में
बेचारा मूर्धन्य ष
जिसकी आकृति-भर बची है
एक तपस्वी आकृति
लिपि में
लिखित भाषा में

बेचारा मूर्धन्य ष
जिह्वा से जो गिर गया रास्ते में
बोली से बिछड़ गया
टोली से फिसल गया
डूब गया अँधेरे में
लिपि की झाड़ी में फँसा टिमटिमाता

डूब जाने दो
टूटा तारा है एक
दुख न करो
डूब जाने दो
ध्वनि के पीछे उसकी आकृति
डूब जाने दो
भाषा के अतल में
भाषा के जल में
विस्मरण नहीं
अनन्त आकृतियों की स्मृति।

कुम्हरार : एक सभ्यता के खँडहर में भटकते हुए

(एक)

मरकर
वे भी कब्र-भर ही जगह लेते हैं
अपनी जीती हुई पृथ्वी में
चक्रवर्ती सम्राट
शहंशाह चारो दिशाओं के
जिनकी सील-मुहर जिनका सिक्का
हस्ताक्षर हवाओं पर

कब्र की उम्र
कब्रगाह की उम्र
जी गई ज़िन्दगी से ज्यादा लम्बी
लेकिन कितनी कब्रगाहों को
पिरामिड की उम्र
पिरामिड की उम्र उतनी
जितनी इतिहास के एक बुलबुले की उम्र
बल्लियाँ टिकाकर
इसे चाहे जितना बचाने की कोशिश करें
दिग्विजयी धर्मों के कीर्तिस्तम्भ
आकाश के आलिंगन ने वृक्ष-तने की तरह

वर्ष-प्रति-वर्ष जिनके वक्ष को दी हैं
नील की गोलाइयाँ
समय की नीली गोलाइयाँ अदृश्य
वे लेटे हुए पड़े हैं
एक सभ्यता के खँडहर में धराशायी
नवोदित तृणों के स्पर्श से नहीं सिहरती उनकी रीढ़
उन्हें देख आँखें उदासी से नहीं, जिज्ञासा से भरती हैं
निश्वास नहीं उठता
विश्वास दृढ़ होता है
गा जाता है एक पागल कबीर अर्थ-भरा गाना

(दो)

थककर गिर जाती हैं परिक्रमाएँ
केन्द्र पर
सुई की नोक भर जगह में मुँह गाड़
पककर
चू जाते हैं पराक्रम
शिलालेख बन जाती है दहाड़।

एक स्मृति-पट्ट की स्मृति में

एक मटमैला स्फटिक-पट्ट

चौरंगी की सतरंगी ही नहीं, शतरंगी दुनिया
के सामने
ट्राम-लाइन के किनारे
जलकुम्भियों से भरे एक परित्यक्त-मृत तालाब
का पहरेदार
एक मटमैला स्फटिक-पट्ट
मनोहरदास तड़ाग का नाम धारे
एक बदरंग कीर्ति-पताका—
सम्वत् 1847 विक्रमी में सौ बीघे गोचर भूमि
गउओं के चरने के लिए
ख़रीदकर छोड़नेवाले

उनकी प्यास मिटाने के लिए विमल जल का तालाब खुदवानेवाले
मनोहरदास कटरा यानी आज के विख्यात बड़ा बाज़ार के संस्थापक—
सेठ मनोहर दास की
जिनके सुयोग्य वंशजों ने
उनके पौत्र जानकीदास के पौत्र माधवदास के
अब शायद बदले ढर्रे के नामोंवाले पुत्र-पौत्रों ने
पश्चिम बंगाल सरकार की अनुमति से
उनके शुभनाम से अंकित यह स्मृति-पट्ट
लगवाया
धौली गाय-से सफ़ेद संगमरमर का
ताकि महापुरुष की कीर्ति बनी रहे अक्षुण्ण
और उनके वंश को जनता से आशीर्वाद मिले
जनता जो गऊ-सी भोली

कहाँ तो चली गई हैं सौ बीघे गोचर भूमि में
चरनेवाली गउएँ
जाने कब
बिसूखकर वधिकों के हाथों खींची जाती हुई
तालाब जलकुम्भियों से भर गया है
भरे जाने से पहले
रह गया है मनोहरदास तड़ाग का नाम धारे
यह मटमैला स्फटिक-पट्ट
अपनी गउओं को गुहारता
गूँगी आवाज़ में।

वह मटमैला स्फटिक-पट्ट

पूँजीवाद की उदय-गोधूलि में रोपा गया एक स्मृति-पट्ट। जो वस्तुतः सामन्तवाद के सीमान्त पर गाड़ा गया था। पूँजीवाद का मध्याह्न आने से पहले अपने अस्त की गोधूलि में रँगा खड़ा।

मैंने देखा
उस स्फटिक-पट्ट को

जब वह अपनी आखिरी साँसें ले रहा था
एक सन्ध्या
जलकुम्भियों से भरे एक परित्यक्त-मृत तालाब
का स्मृति-पट्ट
रात को पुत जाती थी जिसकी लिखत
किसी का कीर्तिलेख नहीं, फकत एक पत्थर-हृदय
फक्कड़ हृदय
अपने अर्थ से रिक्त ही नहीं, मुक्त, स्वतंत्र-स्वचेतस
उस रात आसमानी तारों को धरती की जलकुम्भियों से जोड़ता
आखिरी मर्तबा
सुबह के साथ अपनी जलकुम्भियों को निश्छाय कर जाना था जिसे
एक परिवर्तन के सीमान्त पर खड़ा
ज़मीन के उमगने का ज़ोर अपने तलवों में
महसूस करता कब से
गम्भीरमुख
उदास नहीं, उदासीन

वह मटमैला स्फटिक-पट्ट
गहराती साँझ में चीज़ों के डूबना शुरू करते ही
मिट जानेवाला
उस साँझ
अपने कन्धों पर से
अपनी आखिरी चिड़ियों को उड़ा चुका था
सुबह होते ही घुटनों के बल गिरने से पहले।

उनके लिए भी

पृथ्वी के उरज
उरग ही नहीं हैं
उरजा है, ऊर्जा पक्षियों की

उर से जो लगे हैं पृथ्वी के निशिवासर
उनके लिए ही नहीं खुली है पृथ्वी की माता हथेली

उनके लिए भी जो आजीवन आकाशचारी
ओसबिन्दु की तरह चू पड़ते हैं किसी कुहरिल साँझ
अपने गाने के अन्तिम शब्द और असीम निश्शब्द को
वक्ष में लिये।

आज पंखे को देखकर

(कवि-मित्र गोरख पांडे की स्मृति में)

छत से लटका हुआ
घूमता पंखा
तीन पंखुड़ियोंवाला एक हवा-फूल
बहियार की बयार को घर बुलाता
देह-मन को भाने वाला
जिसके बगैर बिताया नहीं जा सकता ग्रीष्माकुल एक भारतीय दिन
जिसके भी सिर पर छत है सहृदय
उस छत की हृदयस्थली
घूमता पंखा
घर जिसके बिना असह्य
आधुनिक भारतीय मध्यवर्गीय जन के शीश के ऊपर
ईश्वर की छाया या पिता का साया हो न हो
लेकिन जिसका होना जरूरी
पृथ्वी पर जो वह पहिया लुढ़काया था आदमी ने
पृथ्वी के गोलक को अभिनव रोमांच से भरता
सामन्तवाद के सीमान्त पर ताड़पेड़ों के माथों से
चेहरा ऊपर उठाए खड़ी पवनचक्की से आगे बढ़
वह जैसे घर आकर रुका हुआ गत्वर
मानव-माथ के ऊपर
आकाश का आश्वासन
विज्ञान बिजना डुलाता
यहीं रुका रहे विज्ञान
मानव माथ के ऊपर सकरुण
बमवर्षक बन नहीं मँडराए, काश!
विज्ञान से यह विनती क्या अज्ञान ही करेंगे?

जो भी हो, मुझे भाता ही नहीं आभार से भी भरता रहा है पंखा
वही आज
हल्के भय से भरता है और अविश्वास से
कि क्या सिर के ऊपर घूमता पंखा—यह डैनों वाला बैना
जीवितों से अधिक मृतकों का है?
जीवन-धारा में डूबते व्यक्ति
जिसे बाँह बढ़ाकर पकड़ते हैं
जीवन से ऊबे, जीवन से उबरने के लिए
कि क्या गति में अनगिन और पारदर्शी हो जानेवाले इसके डैने—
दारुण एकान्त में सर्जक के आत्मसंहारी हो उठाते ही आँखें कृत निश्चय—
पक्षी के डैनों की तरह फड़फड़ाते खिड़की की राह उड़ जाना चाहते हैं बाहर?
डैनों के घूमने के साथ मन्द-मन्द डुलता इसका माथ
क्या मानव-नियति पर अफसोस में डुल रहा है इस समय?
अख़बारों के दफ्तर में शायद हो वह संगणक जो बताए
कि इस देश में पंखे से लटककर उतनी ही होती हैं आत्महत्याएँ
जितनी दहेज-दीन नववधुएँ मिट्टी के तेल से फूँकी जाती हैं
इन दो समाचारों से कॉलम बराबर भरे होते हैं, अख़बार हो कोई!
क्या प्रबल अत्याचार के बराबर है दुर्बल सदाचार?
क्या मानव-समाज में किसी और के पापों का प्रायश्चित्त करता है कोई और?
आत्मघात का गूढ़ मनोविज्ञान ही नहीं, कोई आध्यात्मिकी भी है?

देखता हूँ सिर के ऊपर
छत से लटके घूमते पंखे को
और आज आभार की जगह उदासी से भर जाता हूँ
चले गए कवि-मित्र की याद आती है
जिसे नहीं रोक सकीं अनलिखी कविताएँ।

बचे हुओं के लिए शोक गीत

सफ़दर हाशमी की तरह हल्ला बोल जाओ
या गोरख पांडे की तरह बिना हो-हल्ले के
खुली सड़क पर या बन्द कमरे में
फटी आँखों के सामने या अपनी भी आँखें मींचकर—

हठात् एक दिन
चले जाओगे तुम अपने हाथ ऊपर उठाए
भरी दोपहर अधरात होगी एक पल
बस एक पल
जिसे छलाँग जाओगे उधर तुम
छलाँग जाएँगे इधर बचे हुए दोस्त
अफसोस धीरे-धीरे उड़ जाएगा हवा-धूप में
कुछ गन्ध फिर भी बची रह जाएगी बसी रह जाएगी
दिनों के माँजे भी
घुल जाने हृदय की विश्व-वेदना में

यह नहीं कि दीर्घायु होने का आशीर्वाद माँ के दूध में नहीं मिलेगा तुम्हें
लेकिन अब
मानव-मन्दाकिनी में धीरे-धीरे मरते हुए तारे
की तरह ताम्राभ नहीं हो पाओगे तुम
जटायु का चिरायु जीवन नहीं, सम्पाति का
सूर्यस्पर्धी सन्तप्त यौवन ही मिलेगा तुम्हें
सूर्यास्त नहीं, उल्कापात ही होगी तुम्हारी जीवन-कथा।

युगताप न सह सका

(कवि-मित्र राजेश शर्मा की आत्महत्या पर)

युगताप न सह सका
आत्मघात कर बैठा
एक मित्र
कूद
दसवें माले से, चौदहमाला बिल्डिंग के
उन्नतशिर खड़ी है जो
तेजोदीप्त ब्यूरोक्रैटों की रिहाइश
अफसर-आवास मशहूर
राजधानी का रजबाड़ा
था जहाँ का वासी, अभी हाल तक मित्र
जब तक कि उसने

निज का मकान नहीं बनवाया था
पद-गौरव के अनुरूप से भी बढ़कर
जिसे उसने विनम्र-सा नाम दिया था : घर
घर ही उसका काम्य था
लेकिन लगता है जो नहीं बन सका
श्रेष्ठिजन-प्रिय गोमतीनगर के
उस सुरूप मकान के अन्तस में
जो बड़ी-सी खिड़की की अपनी आँख खोले
दिन भर निहारता है सामने के पार्क का चौकोर हरिताभ आकाश
एक पार्क जिसका हृत्केन्द्र बनी
जिराफ की तरह ऊर्ध्वग्रीव खड़ी है
बच्चों की एक फिसलपट्टी
दिन-भर जिसके फिसलवाँ ढालू पर
बच्चों के न होने पर धूप फिसलती है
किरणों के पैर बिछलते हैं
जिन्हें बैठा देखता रहेगा
यही सोच दोस्त ने
उस बड़ी-सी खिड़की के पीछे
बनवाई थी एक टेबुल
निर्माण के ही वक्त, राजगीर के ही हाथों
जिसके पीछे कुर्सी डाले
अपनी कविता के लिए
शब्दों की उधेड़बुन में पड़ा रहेगा
कवि-मित्र मेरा, रिटायरमेंट के बाद
दिन-दिन-भर
बताया था उसने मुझे सोत्साह
जब अधबना 'घर' उसका देखने
गया था मैं उसके साथ
मिलने गए, उसके दफ्तर से उठ, लंच के समय
जब ऊँघते हैं
निदेशालय के बरामदे
अपने आयताकार की धूप-मिली हवा में
रह-रहकर घन्ना उठनेवाली मुखर घण्टियों की सघन चुप्पी शामिल किये

वह दोपहर
अभी तक नक्श है मेरे दिमाग में
कविता की अनगिन सम्भावनाओं से भरी हुई वह दोपहर
जो उस अधबने 'घर' के बेपलस्तर जोड़ों में पैवस्त हो रही थी

अभी तो रिटायरमेंट
डेढ़ेक साल दूर था
कविता लिखने को सदा प्रस्तुत रहनेवाली
उस कांक्रीट-टेबुल की प्रतीक्षा पूरी होने के दिन
सन्निकट थे
अभी तो 'घर' नाम पर डाक पहुँचना शुरू ही हुई थी
गोमतीनगर के उस सुरूप मकान तक

घर नाम से एक पत्र
मन-ही-मन रोज
लिखता था मित्र
जो कहीं नहीं पहुँचता था
फिर-फिर लौटता था उसके ही पास
और मनोचिकित्सकों के लेखे उसका डिप्रेशन गहराता ही जाता था
बढ़ती ही जाती थी दवाइयों की डोज़
नींद मरीचिका की तरह चमकती थी उसकी उनमुनी में

घर जरूरी था
उसे पृथ्वी से बाँधे रखने के लिए
उसकी पारदर्शी आत्मा में
अवसाद इकट्ठा हो गया था
सफलता की निष्फल संस्कृति में जीने का अवसाद
पृथ्वी का गुरुत्वाकर्षण काफी नहीं था उसके लिए
उसे घर का चुम्बक चाहिए था
धरती से जोड़े रखने के लिए
घर का घनाकार चुम्बक, क्योंकि पृथ्वी का गोलक उसका घर नहीं रह गया
निजबद्ध हो गई थी उसकी आत्मा, सुरक्षा-चारदीवारियों से घिरी
बाड़ेबन्दी युग का चलन थी और पिछड़ना उसे मंज़ूर न था

और जब एक चुम्बक
लोहे का टुकड़ा निकलता है
चौदहमंजिली इमारत की दसवीं मंजिल से
एक आदमी
माथ के बल
पृथ्वी पर आ पड़ता है

पृथ्वी को घर करने का यह एक हिंसक ढंग है

उसका लहूलुहान शव, धरती के सीने में
एक चाकू की तरह चुभा होता है
और उसकी बुश्शर्ट की जेब में
खुँसी होती है
कविता लिखना चाहनेवाली एक कलम
जिसने थोड़ी देर पहले सुसाइड-नोट लिखा होता है :
'अवसाद से भर गया हूँ। कोई और दोषी नहीं है।'

कोई और दोषी नहीं है, जानते हैं उसके कवि-मित्र भी
जिनकी आँखें नम हुई रहती हैं
और हृदय उत्तप्त।

हरी स्याही से लिखा ख़त

(कवि सोमदत्त की स्मृति में)

बग़ल से कोई
चला गया है उठ कर
ठण्ढे हुए कन्धों ने जाना है
चला गया है चादर की तरह उढ़ा था जो
मित्र की गलबाँही का गुलूबन्द था बर्फानी झंझा में
शीत-सुन्न प्राणों ने जाना है
चला गया है कोई
सूर्यास्त की तरह अन्तिम किरण समेटकर
और हम ने जाना है
मित्र चतुर्दिक् व्यापता है हमारे व्योम में

सुनकर तुम्हारे निधन का समाचार
जी रह गया है धक् से
हृदय-पिंजर से जैसे उड़ गया है एक सुआ
चित्कारता
और उड़ गए हैं हतवाक् हाथों के तोते
बस हाथों में रह गया है
हरी स्याही से लिखा वह ख़त
जब तुम मेरे घर आए थे
और चरणचिह्न और हस्तलेख छोड़ गए
आया, मिले नहीं, फिर आऊँगा, जब आऊँगा
लिख, गए
कुंडे पर जड़े ताले को बच्चे के गाल की तरह सहलाकर

मेरी नहीं सुनाई गई कविताएँ
तुम्हारी नहीं सुनी गई कविताओं के साथ
लिपटकर सो गई हैं मौन।

कवि मानबहादुर सिंह की हत्या की खबर सुनकर

(एक)

सान्ध्य तारक-भर रोशनी में
हम बैठे रहे थे गमगीन
बलछीन

डूब गया था हमारा सूरज
और हमारा ही आकाश
रक्ताक्त था

(दो)

बीड़ी बुझने के करीब तो नहीं थी उसकी
जिन्दगी की बीड़ी—
मेरे कवि-दोस्त की—
दम बटोरती दम लगाती कविता के होंठों से

जिसे झपट छीनकर हठात् बलात्
रगड़कर, क्रूरता से
बुझा दिया गया पागल हाथों
और फटी आँखों ताकती रही मनुष्यता
जिसकी आँख का पानी मर गया है ताकते-ताकते।

दो नन्हे मोजे

तुम चले जाते हो
दुनिया में आगे, युद्ध में विजयी
तुम्हें पाँव पकड़ रोकती ममता के हाथों में
बचे रहते हैं
दो मोजे
मोर्चा-डटे युद्धक बूटों के ग़फ़्स मोजे नहीं
न सुदूर स्थित उपकरण-सज्जित नियंत्रण कक्ष और मंत्रणा कक्ष
के योग्य नफीस नरम मोजे

वे दो नन्हे मोजे
उबलते यौवन के तनिक सिराते ही
मर्म पर मलाई-सी पड़नेवाली ममता
की तत्पर कलाइयों से सत्वर सलाइयों से
सिरजे गए थे जो, एक आयुष्य में जब भविष्य आकार ले रहा था
बन्द पड़े
दिवंगत नेप्थलिन गोलियों की गन्धशेष स्मृति में समय की गन्ध
छुपाए
बिसरी पड़ी बकसिया में
वे दो नन्हे मोजे
नन्ही पगतलियों में चलने की उमग को
अपने रेशे-रेशे की ऊष्मा से पोस जिन्होंने चलने में बदला था
तुम्हारा शैशव जिन्हें उतार
कुदक्के भरता
गया एक लम्बी अन्तहीन दौड़ में शामिल होने
वे नन्हे मोजे

बिसरे बन्द पड़े, टाँड़ पर अड़सी पुरनही बकसिया में
मौसमों से अछूती पुरनही बकसिया—जिसके भीतर
कोख-सा अँधेरा रहता है—नीलगूँ और पुरनम
कि वे दो नन्हे मोजे
अमुरझ कोंपलों की तरह
भावनाओं की अकाल-वेला में
खिले रहते हैं
गुम तालीवाली उस बकसिया में
जिसका कब्जा उमेठकर जिसे खोला जाता है
एक दिन
पेट के कोटरवाली एक सूखी बिरिछ-काया को
फूँककर आने के बाद
खोजने, माला-मण्डलित कर रखने के लिए
युवावस्था के दिनों की
माँ की कोई मुस्कराती तस्वीर
और तुम्हें मिलते हैं
सहेजे रखे
वे दो नन्हे मोजे
जिन्हें उठाकर तुम
अचरज से देखते हो
पहचानने की कोशिश करते हुए विफल।

पुत्र-शोक

जिउतिया का व्रत
बरसों बरस रखकर
भूखे-उपासे रहकर
पुत्र के प्राण पोसती है माँ
जेठों की निरजला एकादशी से सींचती है

और वह एक धमाके में
आदमी के खून से रँगने से पहले
होली के लाल रंग से रँगी हुई
शहर की एक सड़क पर

मारा जाता है एक दिन अचानक
शहर के तमाम अस्पतालों को कँपाते
बीच बाजार के दिन-दहाड़े दहाड़ते बम-विस्फोट में
चीखने की मुहलत के बगैर
चीखता, तो माँ कहकर ही चीखता
माँ को ही पुकारता
पीट-पीट पीठ पोकठानेवाले पिता से बचानेवाली माँ
छाती के घोंसले में छुपानेवाली
जिसके सँवलाए दुबलाए हाथों में सदा सुरक्षित है
कभी न कुम्हलानेवाले कमल-सी
उसके लिए एक अभय-मुद्रा

बुना गया था माँ के बढ़ आए पेट में जो
माँ के तन-मन की दो सलाइयों से
अपनी छाती में दूध की आगामी आहट सुनते हुए
महसूसते हुए छाती में दुग्धावतरण ही नहीं, घटित एक लघु गंगावतरण
जब शुरू किया था बुनना माँ ने
अपने जीवन का पहला नन्हा मोजा
देह की सलाई में पड़ आए जीवन के फन्दे को
मन की सलाई से उकसाया था विकसाया था
बुना था गझिन
इकसार
साधारणता में भी एक अद्भुत पैटर्न
जैसा न मिलेगा कोई तन-मन
उधड़ा वह तार-तार धज्जी-धज्जी
उसकी शिनाख्त करते हैं उसके जूते
कि किस माँ ने तेल पिलाया है
उसके तलवों को भर-भर अँजुरी
जूते—उसके पाँवों को कसकर पकड़े हुए माँ की हथेलियों-से
घरमुँहे

हिंस्र समय के हाथों हारी
माँ कलपती है
कल्पना नहीं है कलपना पृथ्वी का

इस शताब्दी की अवसान-वेला में
कृतघ्न पुत्रों की काम-क्रोध-मोह-लोभ की चौखम्भा मसहरी
के सिरहाने
रात-रात भर शोकार्त जगी हुई दुखियारी पृथ्वी का
परशुराम पुत्रों की माँ-सा कलपना
कल्पना नहीं है वह कलपना पृथ्वी का
न जहाँ सबसे अधिक बसी है वह, वहीं उसकी आत्मा का उजाड़
जिसके गोधूलि-रंग से एकमेक माँ
कूटती है छाती
दरकी हुई छाती, पृथ्वी भर के दुखों से
सरापती है
खूँरेज हाथों को
हाथों के पीछे के माथे को
माथे की दुर्बुद्धि को
पीछे और पीछे
उसका सराप
अन्यायी ईश्वर तक जाता है बेखौफ
पोपले मुँह से फूटता विलाप तीक्ष्ण आरे की तरह रेतता है
सभ्यता-वृक्ष के घुनाए बर्बर तने को
जहाँ उसकी अश्रु-ग्रन्थि है वहीं विलुप्त सरस्वती-सी अन्तःसलिल है दुग्ध-ग्रन्थि
विलाप के भीतर जो फुसफुसाती है, किसी माँ को देखना न पड़े यह दिन कभी
उसके भीतर जहाँ जठराग्नि की जगह
अबुझ जलती है जाने कितनी जठराग्नियों को जिलानेवाली
एक चूल्हे की आँच
वहीं, वहीं अचूक अग्नि-बाणों के लिए है आग
जो करते हैं भसम
अगल-बगल घेरे हुए भयातंक के स्तब्ध झाड़-झंखाड़
डर के डेरे।

मानव-बम

सुतली-बम से लेकर
ट्रांजिस्टर बम तक

कितनी तरह के बम फटे थे
मानव-बमों के फटने से पहले
जनसभाओं में जनपथों पर

सुतली बम के लिए देह-भर सुतली
मिल सकती थी किसी किराने की दुकान पर
कुंडली बाँधे लटकती कोने में, दंश-दृढ़
ट्रांजिस्टर बम के लिए
खोल-भर ट्रांजिस्टर मिल सकता था
चावड़ी मार्केट में या ठठेरी बाजार में थोक-का-थोक
और गुड़िया-बमों के लिए प्लास्टिक की गुड़ियाएँ
चाहे जितनी
किसी भी खिलौनों की दुकान पर

मानव-बम के लिए
जिस माँ-कोख ने जाया है
कोंपल-कोमल शिशु-तन
उसने तो बिकाऊ नहीं ठहराया है उसे
कितने भी ऊँचे दामों

किस माँ-गली से खरीद लाए हैं वे
बम का खोल बनाने मानव-तन कि मानव-मन
भावनाओं की अनगिन उमगती कोंपलोंवाला
सद्यःप्रस्फुटित किसी विचार से महमहाता
मानव-मन
विकासी प्रकृति का परम
वर्द्धमान जीवन का चरम
मानव-मन
जिसकी ब्रेन-वाशिंग कर
बहुविध उपायों से
कभी किसी पवित्र पृथुल ग्रन्थ के हवाले से
कभी किसी गोपनीय गुटका किताब के बल पर
कभी किसी महान उद्देश्य की बारूद भर
कभी...ओह! इस या उस तरह

बनाए जा रहे हैं मानव बम
तैयार किये जा रहे हैं सुसाइड-स्क्वैड—आत्मघाती दस्ते
किन्ही सत्तालोलुप सेनानायकों के हित

और असीसती माँएँ कलपती रह जाती हैं
उसके लिए जो उनका ही पसार था
कि जिसके पंख अभी पसरे ही थे आकाश में।

गमछे की गन्ध

चोर का गमछा
छूट गया
जहाँ से बक्सा उठाया था उसने,
        वहीं—एक चौकोर शून्य के पास
गेंडुरियाया-सा पड़ा चोर का गमछा
जो उसके मुँह ढँकने के आता काम
कि असूर्यम्पश्या वधुएँ जब, उचित ही, गुम हो गई हैं इतिहास में
चोरों ने बमुश्किल बचा रखी है मर्यादा
अपनी ताड़ती निगाह नीची किये

देखते, आँखों को मैलानेवाले
उस गर्दखोर अँगोछे में
गन्ध है उसके जिस्म की
जिसे सूँघ
पुलिस के सुँघनिया कुत्ते
शायद उसे ढूँढ़ निकालें
दसियों की भीड़ में
हमें तो
उसमें बस एक कामगार के पसीने की गन्ध मिलती है
खटमिट्ठी
हम तो उसे सूँघ
केवल एक भूख को
बेसँभाल भूख को

ढूँढ़ निकाल सकते हैं
दसियों की भीड़ में।

वे ही

लाइब्रेरी में
किसी भी किताब को
उसकी पुश्त से पहचान लेते हैं वे
कि जैसे पुश्तों की पहचान हो

उसकी पादटिप्पणियों समेत
याद रखते हैं वे एक किताब को

वे ही
पहचानते नहीं उस रिक्शावान को
जो दिन में दूसरी बार उन्हें ढोता है
यहाँ से वहाँ
(क्योंकि) वे नहीं देखते कभी
पैडिल चाँपते उसके पाँव
धीरे-धीरे पसीने से गीली हो
पीठ से चिपकती उसकी गंजी
कुछ पढ़ने की अभ्यस्त उनकी आँखें
तब सड़क किनारे की दुकानों के
ललाट-लेख पढ़ती हैं—
उनके शीर्षक साइनबोर्ड

वे ही वे ही—
जब शहर की सड़कों पर
एक आर्तनाद का पीछा करता
गुजरता होता है आततायियों का नंगा अट्टहास
और पर्दानशीन खिड़कियोंवाली
अट्टालिकाएँ फेरे होती हैं आँखें—
तब वे ही
चुप रहते हैं
लाइब्रेरी की तरह चुप।

वे जो

वे जो 'सर' कहाते हैं
धड़-भर हैं
उनकी शोध-छात्राओं से पूछ देखो।

अब वे

अब वे झपट्टा नहीं मारते
उनके पास एक दामगाह है

उनके कड़े पंजे और लहू-रँगी मूँछें
रात-बिरात टोह में
सूनी नीमतारीक सड़कों पर उनका घूमना
अँधेरे में चमकती हुई आँखें
किसी और की हैं
अब तो एक रौशन महफिल में
रोब से सजा हुआ चेहरा है
जब कुछ खाता नहीं तो पान और अभिमान गुलगुलाता हुआ एक मुँह
सफेद कपड़े से ढँकी हुई एक टेबुल है
ट्रे में परोसकर पेश किये जाते
टाँगें उठाए चूजे और झुंड में उड़ जाना चाहती लगती बगेड़ियाँ
और मृग
जिनकी आख़िरी कुलाँच का कम्प है
उनके मांस में
नोंचे हुए पंख और लहू के दाग कहीं नहीं हैं
हड्डियों की कड़कड़ नहीं है
प्लेटों में सभ्य दाँतों से माँजी गई हड्डियों के ढेर

दामगाह क्या है
आरामगाह है—गावतकिये लगे हैं, पानदान है पीकदान है खानदान है
फन्दों के ऊपर घास और टहनियाँ
बैठने-सुस्ताने के आसन-आश्वासन
मीठा बात-व्यवहार पैरवी-सिफारिश।

वे अब

आम का अचार देखकर
पनिया जाता है उनका मुँह
आम लोगों की तरह

मगर और लोगों की तरह
किसी का दुख देखकर
नहीं पनियातीं उनकी आँखें
मन न गलता पल-दो पल भीतर-ही-भीतर

सच पूछो तो, उन्हें फुर्सत नहीं
किसी दुखी जन से दो मिनट बतियाने की
पर दो मिनट के मौन में झुकने को
हमेशा उद्यत रहता है उनका शीश
तैयार रहता है भाव-भीना शोक-वक्तव्य
बंडी की उपरली जेब में, प्रेस-रिलीज के लिए
दुर्घटना घटने से पहले ही
गेहुँए से अब गोरे हुए उनके चेहरे की ललाई में
उतनी-भर भी फिक्र नहीं घुलती कभी
जितनी उनके खद्दर के झक्क कुर्ते में नील

रथ्याओं से घर्घर गुजरता है उनका रथ
सड़कों को रौंदकर निकलती है उनकी सड़क
शिखर को जाती
जिसकी ऊँचाई से
उदासीन उच्चासीन ऊँचाई से,
कि जहाँ के 'वैंटेज पाइंट' से
देखते हैं वे
सड़कें
खून से लिथड़ी पट्टियों-सी
लिपटी
दिखती हैं देश की देह पर

कहते हैं, त्यागी थे उनके पुरखे
पर अब त्याग के नाम पर
उनके पास केवल मल-मूत्र है
जीवन का बस एक सूत्र है
हसोथो दोनों हाथों से
देश की अधमरी देह चोंथो दाँतों से।

अफसोस

एक आदमी पाँवों की गति से जा रहा है कहीं
या शायद कहीं भी नहीं जा रहा हो बन्दा
कहीं जा-पहुँच रहा होता तो भला पाँव-प्यादे होता
प्यादा ही रहेगा फर्जी न होगा
और असल में जब तक आदमी फर्जी न होगा
उसकी भला क्या औकात बनेगी
जिन्दगी की दौड़ में वह पीछे ही रहेगा
उन आदिम आदमियों से भी पीछे
जिन्होंने रथ-चक्रों का आविष्कार कर लिया था

लेकिन इस तंगहाल को देखकर रह गए दंगहाल
उसकी खुशदिली से नाखुश
वे उसकी बगल से गुजरते हैं
हल्की हथेलियों स्टीयरिंग-व्हील थामे
निष्करुणा से भारी आँखें, तनिक गरदन मोड़,
उसके चेहरे पर फेंकते हुए

उनका जी करता है भला भूल उसे पहियों से कुचल दें
लेकिन सड़क पर बगल से गुजरते
वे उसे दया से कुचलते हैं
बगैर कुचले आगे बढ़ जाते हैं
उस पर हल्का-सा अफसोस करते हुए

उनके जाने के बाद बची हुई
उनके अहंकार की पेट्रोल-गन्ध में

मोबिल-सी घुली हुई अफसोस की इस निर्गंध को
सूँघना बहुत मुश्किल नहीं
उन पर बहुत ध्यान दिये बिना भी
बस बशर्ते खुले रखते होओ आँख-कान
अपनी धुन में चले चलते।

खरपत्तू

फिर मरा खरपत्तू
इस बार ट्रक से कुचलकर
गेहूँ के बोरों से लबालब लदी ट्रक—राहगीर नहीं, राहवीर
जिसके रस्ते में आ गई
राशन-दुकान जाती हुई उसकी मरियल साइकिल
साढ़े चार किलो गेहूँ के वास्ते
फड़फड़ाता रहा हैंडिल से लटका उसका झोला
एक ओर किया गया जब
उसकी लाश के साथ उसकी साइकिल को जिसमें अभी जान बची थी

फिर मरा खरपत्तू
जो पिछले के पिछले साल मरा था
चुनाव से पहले के दंगे में
एक साँझ जब
मग्रिब की अज़ान के गले मिल रही थी
मंदिरों में की सांध्य आरती की घण्टियों की आवाज
गुनगुनाना चाह रहा था खरपत्तू
कोई बिसरा हुआ गीत
घर लौटता हुआ, उस साँझ कुछ जल्दी ही
घरनी की चुपकही से नहीं, अपने नन्हे बच्चे की तुतली बतकही से खिंचता
कि गली के नुक्कड़ पर
पुलिस नाके की नाक के नीचे
एक बेजान ही नहीं, आत्माहीन चाकू
चीर गया उसकी जिन्दगी
उसकी जिन्दगी ही नहीं, शहर की जिन्दगी

इसलिए कि राजनीति की बिसात पर
दंगे की चाल चली जानी थी
शह देने को एक शहीद चाहिए था
वह था खरपत्तू
जिसके नाम पर मुट्ठियाँ लहरा
नेताओं ने शपथ ली थी
कि कोई खर-पात नहीं है खरपत्तू
मरे तो क्या, हम तुम्हें मरने न देंगे खरपत्तू
सरग से देखते रहियो, एकजुट हो हम बदला लेंगे खरपत्तू
बलिदान तुम्हारा जाया न जाने देंगे खरपत्तू
तुम्हारी टिकठी को हम अपने सिंहासन में बदलेंगे खरपत्तू
आह खरपत्तू! वाह खरपत्तू!

फिर मरा खरपत्तू
हाट-हाट, बाट-बाट चूहामार दवा बेचनेवाला खरपत्तू
जो पिछले साल
पेट में कूदते चूहों के लिए
आखिरकार पूरे परिवार के साथ चूहामार दवा खा
सोया हुआ पाया गया था निश्चिन्त एक सुबह
प्रात:कालीन दैनिक के स्थानीय पृष्ठ पर

फिर-फिर मरा खरपत्तू
खर-पात-सा उधिया जानेवाला
भसम हो जानेवाला खरपत्तू
लेकिन कभी भी आखिरी नहीं है उसका मरना
मरने के मौकों पर फिर-फिर प्रकटेगा खरपत्तू
अनन्त है खरपत्तू, अनन्त उसकी कथा।

अखबार का टुकड़ा

सरकारी गोदाम
भरे फट रहे हैं अनाज से
लम्बोदर गोदाम आकण्ठ भरे हैं

कि डकारना भी सम्भव नहीं उनके लिए
जगह की कमी पड़ गई है
रेलवे टेसनों के प्लेटफार्मों पर एक ओर
खुले में छल्लियाँ लगी हैं बोरों की
पॉलिथिन की चादर के नीचे भी
धूप-शीत-वर्षा में
घुना-सड़ा जा रहा है अनाज
देश में एक चूहा नहीं रह गया है दुबला
लम्बोदर गोदामों के पदतल में लोटनेवाले चूहे तो मूषकराज
इतने मोटे-ताजे कि उनसे बिल्लियाँ डरती हैं
वैसे भी दौड़ना-भागना मुमकिन नहीं उनके लिए
फूले गालोंवाले खाद्यान्न-निरीक्षकों के सामने पड़ने पर
वे बमुश्किल टसककर ससम्मान एक ओर हो जाते हैं
और खुश होकर अधिकारी सिर हिलाते हैं

ओह! यह सब
हरित क्रांति का फल है
दूरदर्शी सरकारी नीतियों का नतीजा
कि आज अनाज के मामले में आत्मनिर्भर है देश
सैकड़ों जलजहाजों का पेट भर
दूर देश निर्यात तक को प्रस्तुत

—अखबार के उस टुकड़े पर
इतना ही लिखा-छपा था
शेषांश फटा था
कृषि-संवाददाता की विशेष रपट का
जो कृषिमंत्री के साथ तीन दिवसीय देशव्यापी दौरे के बाद लिखी गई थी
और जिससे हाजमोले की गोलियों की गन्ध आती थी
(महसूस हुई थी सम्पादक तक को शाश्वत सर्दी से जकड़ी नाक के बावजूद)

अखबार का वह उधियाता टुकड़ा
हवा के हाथों में जिसे झपट लिया गया था
और हथेली से सहलाकर
जिसे सड़क की एक ओर लिटा दिया गया था

उस कीच-करियाई नाली के सिरहाने
जिसमें सामने की किराना-दुकान के लिए आए हुए बोरों में से किसी से
सीअन उधड़ जाने के कारण
खसकर गिर पड़े थे अरहर की दाल के चन्द दाने
जिन्हें काँपती अँगुलियों बड़े जतन से
नाली से बीन निकाल रहे थे पके केशोंवाले एक फटेहाल बाबा
जिनकी धुँधली आँखों की दृष्टि बड़ी तेज बड़ी तेज
तलस्पर्शी
सुदूर स्वर्णरिखा नदी के रेतकणों में स्वर्ण-धूल तलाशनेवाले
ग्रामीण बालकों की-सी
अचूक देख लेनेवाली
शहर की मैली-कुचैली नाली में स्वर्णकणों-से चमकते वे दाल के दाने
जिन्हें—कभी मजदूर, आज मजबूर अँगुलियों
व्यग्रता से नहीं, एकाग्रता से निकाल
एहतियात से रख रहे थे एक उज्जरकेश फटेहाल बाबा
अखबार के उस टुकड़े पर
सिर झुकाए।

सगीर मियाँ

सगीर मियाँ
होम डिपाट के चपरासी
फ़रमाबरदार पक्के
दस का घण्टा लगने से पहले हाजिर बेचूक
हुकुम के बन्दे
होंठ हिले नहीं कि समझें क्या हटाना किसे बुलाना
या कि चाहिए चाय
दिमाग के चक्के को मोबिल

सगीर मियाँ
जिनके होंठों पर एक ही लफ़्ज : साहब
जिनकी धुँधली आँखों ने
जाने कितने साहब देखे

आनी-जानी-फ़ानी दुनिया में
आँख उठा हाथ उठा कहते
अपना तो बस एक ही साहब
तब छत के पार की अपार नीलाई
कुछ घुल आती दीवार के चूने में
वहाँ जहाँ स्टूल पर बैठे उनका सिर लगता है

वही—बड़े मियाँ—सगीर मियाँ
चार दिनों की खस-खस दाढ़ी पर फेरते हाथ
भरते आह
एक लम्बी साँस
नौजवान रामसरूप को समझाते :
खुश हो तो यह खुशी है खोटी
अभी बाक़ी है देखना इस दुनिया के ढब
वादों पर टूटी हड़ताल
हमारी तकलीफ़ों की होगी पड़ताल
अरे! यह तो कब से हो रही
न उनके पैर बिवाई है
न पीर पराई समझेंगे वे
लेकिन हमारे नेता लोगों को क्या हुआ है
राजरोग लगा है क्या
लकड़सूँघा के भरमाए
गठरी में बन्द हुए हैं सब
बुत्त हुए बुतरू
सरकार नहीं लकड़सूँघा है यह
घाघ लकड़बग्घा बच्चाखाऊ।

पादुका नहीं, पदक

तुमने देखी है आकाश में
कभी अलस उड़ते कभी सवेग
पक्षियों की आकृति?
उनकी उड़ान का आकार?

वह गतिचित्र जो पक्षी
उड़ान ही जिनकी आत्मा है वो पक्षी
अंकित करते हैं आकाश में
उड़ान से जोड़कर उड़ान
कभी अलस उड़ते कभी सवेग—
नभ की नई नक्षत्राकृतियाँ!

तुमने देखी हैं नभ के खग-पथ पर खचित
वे गत्याकृतियाँ
तुम्हारे बचपन की पतंगें
निगेटिव प्लेट की तरह चमकती हैं तुम्हारी स्मृति में

तुम्हारे पाँव
रचना चाहते हैं समवेत और सहकार का संगीत
तुम्हारे पाँव
जुलूस में शामिल हो जाना चाहते हैं
जुलूस में शामिल होते हैं
बार-बार
तुम्हारे पाँव दूसरे पाँवों से बँधे
अपनी गति को मुक्त करना चाहते हैं

लेकिन
सभ्यता की यह कौन-सी शताब्दी है
तुम्हारे पाँवों पर
प्रतिस्पर्धा का विषलेप चढ़ाती हुई
तलवों पर ठोंकती हुई अदृश्य नुकीले नाल
सभ्यता की यह कौन-सी शताब्दी है
तुम्हारे पाँवों को
पादुका नहीं, पदक
तक ले आई

अखबारों में लास एंजेल्स ओलिम्पिक की यह तस्वीर
तीन हजार मीटर दौड़ की
जिसमें जीत के अटकलबाजों की चहेती
इंग्लैंड की जोला बड

अमरीका की मेरी डेकर को मारकर लंगी गिराती हुई
चाहे एक पल को जगाए क्षोभ
क्षोभ जो चप्पल की उभरी कील-सा पाँवों में चुभेगा दिन भर जब-तब
कर देगा निपुण टेलीविजन जिसकी मरम्मत
अपना सर्वाधिक रोचक कार्यक्रम जब ठोंकेगा
सर पर, भुला देगा
अप्रीतिकर सब कुछ
रात आएगी सुख की नींद
पाँव फैलाते ही

सुबह, हम
लोगों को लंगी मारते चलने के संकल्प से चमकते
उठेंगे
खिड़कियों के शीशों के चमकते ही।

इथियोपिया

इथियोपिया!
कठिन उरोजोंवाली एक काली लड़की का नाम है
जिसकी सुन्नत कर दी गई है होश सँभालने से पहले?

कि एक पसरते हुए रेगिस्तान का नाम
अकाल और अभाव का
बदहजमी से परेशान पहली दुनिया और दूसरी दुनिया
के सामने
एक दीन पेट के खाली कटोरे की नंगी दुनिया का नाम
इथियोपिया

एक सामूहिक मृत्यु का नाम
जो उत्तर से दक्षिण जाते
जीवन की दिशा में
अनाज की ओर पानी की ओर
झुंडों में रेंगते जनों को
रास्ते में मिलती है

धरती की दरारों में धँसे पाँवों में
सूखी हुई आँतों में
पपड़ियाए होंठों में निर्जल आँखों में
जलस्पर्श की तरह

इथियोपिया! इथियोपिया!
अनाज और अनुदान लेकर तुम्हारे पास गए गोरे गदोले हाथ
अभी दया से और अभी गुस्से से काँपते हैं
घुटनों से पेट बाँधे सर झुकाए बैठे हुओं के बीच से उठकर
क्यों दौड़ जाते हैं मैराथन दौड़ों में सबसे आगे सबसे आगे
इथियोपियाई धावक! क्यों भला, क्यों?
उनकी पिण्डलियों में कहाँ से आती है बिजली?

इथियोपिया! इथियोपिया
अपना दुबला चेहरा तिरछा किये
मन्द-मन्द हँसती हो तुम!
किस पर? किस लिए?

पिण्डलियों की बिजली

एक भारतीय कवि ने कभी
इथियोपिया से पूछा था
कि मानो एक साँवली दुबली मैराथन दौड़ों की
दौड़ाक लड़की से
इथियोपिया! कहाँ से आती है
तुम्हारी पिण्डलियों में बिजली?

उस कवि से
जो पूछे कोई
कवि! तुम्हारी पिण्डलियों में
कहाँ से आती है बिजली?
(कि धरती का ओर-छोर नापते न थकते हो मन के पाँवों)

क्या जवाब होगा उसका?

कि कभी तो, अभी तो चतुर्दशी के चाँद की चाँदनी
चतुर्दिक् गंगा तीरे
और कभी अमावस का तारकाभ अँधेरा सड़क पर सघन
कभी तो ढोल-मृदंग बजाते होरी-चैती गाते लोगों का
नभभेदी उछाह
कभी आले पर रखी इकली चीमड़ रोटी को उठाने से
उठी आह
गेहूँ के गोदामों में गर्द की तरह एक कोने में
बुहार दी जाती

चिरयात्री—कालयात्री कवि की पिण्डलियों में
कहाँ से—कहाँ-कहाँ से—आती है बिजली
क्या बता भी सकता है वह
उसका अपना—भावनाओं का—जेनरेटर
जितने भी हार्सपावर का हो, पोर्टेबुल ही होगा
किसी बड़े पावर हाउस में उत्पादित बिजली
बेशक बहती आती है भाषा के हाईटेंशन तारों से होकर
उसकी पिण्डलियों में
जाने न जाने वह
कैसे कहाँ से।

अकाट्य सिर

मेरे कटे हुए सिर का
यदि बनता पेपरवेट
नयनाभिराम
तो वे बहुत खुश होते
रखते मुझे सदा अपनी आँखों के सामने ही
कुलीन शालीन
प्रतिभा के, सौन्दर्य के, गरज़ हर अच्छी चीज के
पारखी वे

लेकिन
यह मेरा सिर

बेहूदा है
किसी जंगली पक्षी के घोंसले जैसा
लेकिन चलो!
उसका एक मुखोश ही बन जाएगा
अफ्रीका और बस्तर के आदिवासी मुखोशों के बीच
दीवार खाली है
उनके ड्राइंगरूम की

मुश्किल यह है
कि यह सिर है या खुराफात!
कभी बन्द न होनेवाला एक कारखाना
कविताओं की आधी-अधूरी फैलती-सिकुड़ती
पंक्तियों से भरा हुआ
अपांक्तेय अनुभवों की पंक्तिशेष स्मृतियों से
जिज्ञासाओं से अभीप्साओं से विकल
कवि-माथ!
चाक पर घूमती
अत्यन्त हल्के हाथों सूत से कट जानेवाली
गरदन नहीं है यह
गीली मिट्टी नहीं, पकी हुई ईंट है
अकाट्य है त्याज्य है
फेंको इसे दूर घूरे पर
चुपचाप
सिवान पर बढ़ाओ चौकसी
बस्ती में गश्त रात-दिन
हर दिशा में हमेशा ताने हुए बन्दूकें
उपद्रवियों के खिलाफ!

सैलून-स्तुति

आईने
और आईनों में अपने को देखती हुई कुर्सियाँ

दो संगी साजों की तरह
एक संगीत में बँधा
अपना जीवन शुरू करनेवाली कंघियाँ और कैंचियाँ
अगल-बगल
प्रतीक्षा में
उनको और सिर को समझनेवाली उँगलियों की
और एक झुके सिर की
हमेशा एक बदहाल सिर
चाहे वह एक खुशहाल आदमी का ही क्यों न हो

अपनी गली में
खुल रहे
एक सैलून के आगे
झुकाता हूँ सिर
कि यह एक जगह है जहाँ
मन्दिरों से भरे इस शहर में
एक नास्तिक झुका सकता है
अपना उदग्र-व्यग्र शीश
झाड़-झंखाड़ से
कुश-काँटों से
अजीबोगरीब खयालों से
भरे हुए दिमागवाला
एक माथा
छीजते हुए केशों के बावजूद
जिसकी तुलना घोंसले से ही की जा सकती हो

कि जेबकतरों से कम और परकतरों से अधिक
भरे हुए इस शहर में यह एक जगह है जहाँ यह भरोसा
कि उल्टे उस्तरे से नहीं
सीधे उस्तरे से
मूँडे जा रहे हैं हम
राजी-खुशी
अपने और सबके हित में।

कविता के दौड़ते हुए पाँव

कविता में दौड़ते हुए पाँव दिखाई देते हैं
वे पाँव जो बच्चों के पास होते हैं
या बारिश की बौछारों के पास
बिछलते हुए पाँव
कि जैसे इस रसा की मछलियाँ हों वे

वे पाँव जो पथराई पृथ्वी पर सम्भावित थे कब से
कविता में दौड़ते हुए आते हैं
न जाने किन अज्ञात दिशाओं से
आठो दिग्गजों के अनजाने
दसो दिशाओं से अलग
रह-रह आकाश बुहारती सैकड़ों जासूस दूरबीनों के सर्चलाइट से अनदेखे
जिनकी सम्भावना की हर सम्भावित दिशा में
लुढ़का रही हैं दशानन फैक्टरियाँ जहरीला धुआँ
जिनके श्वास-वायु के ऑक्सीजन को सोखकर
हवा में कार्बन डाईआक्साइड उलीच रही हैं निरन्तर जिनके लिए
भ्रूणों का भोजन खास पसंद है जिसे वह आदमखोर रेडियोएक्टिविटी
जिनकी ओर आहिस्ता-आहिस्ता बेआवाज बढ़ रही है पंजों के बल—
हमारे लालच से हमारे दम्भ से उपजी हुई कृत्याएँ कृतान्त—घात में घोर

वे सम्भावित पाँव आते हैं सुदूर से
सहज उतर आते हैं कविता में
जैसे नींद में आते हैं स्वप्न
चौकस पहरों के बावजूद
जितने अबोध उतने अबूझ
अबाध दौड़ते हुए वे पाँव—जीवन ही जिनका गन्तव्य—
जो बच्चों के पास होते हैं या बारिश की बौछारों के पास
ऊधम से हँस-हँस जो धाँगते हैं
लीपा-लेवरा आँगन दादी का, मेंह बुलाता मोह जगाता
और सादा-सादा कागज कवि का जो उसका मन है
वंश में अवतंस, कविता में दंश
आ ही जाता है

क्षुब्ध करता उन्हें और हतप्रभ
महामृत्युंजय यज्ञ के ऋत्विज थे जो कल तक और आज
पूँजी-तंत्र की धमनभट्ठियाँ-दमनभट्ठियाँ—वक्ष और
आणविक संयंत्रों के गोलाकार शीश
देश का वीर्यकोश लगते हैं जिन्हें।

बद्धमुक्त

आऊँगा
हाँ, मैं आऊँगा
आवागमन के चक्र से बँधा
इस पृथ्वी पर बार-बार
झड़ूँगा-उगूँगा
अनथक
पृथ्वी की सन्तान

उद्धारक!
तुम्हारा मोक्ष तुम्हें मुबारक।

दूर होते गए मित्र के लिए

एक साथ निहारे हुए सूर्यास्त को
एक अरसा हुआ
इस बीच न जाने कितने सूर्यास्त हुए हमारे बीच

एक साथ हँसे बगैर
एक अरसा हुआ
इस बीच हर बार यह याद करके एक पल को हँसी होती रही अकेली

एक बार हम चुप क्या हुए
कि हमारे बीच भर गई यह चुप्पी ही चुप्पी
घास जो उगी हो गई धीरे-धीरे हरी से गहरी

समुद्र की तरह
अथाह

कि इस बीच हर सूर्योदय की नोंक से
ओस-धुला बिंधता रहा हृदय

प्रेम के क्षितिजों तक फैलता गया जो हृदय
उसमें धीरे-धीरे बनती गई
वेदना की गहराई
एक मित्रता के निधन पर
दो मिनट का मौन नहीं गहते सिर झुकाए
सिर उठाए जीवन-भर का मौन सहते हैं हम।

एक पत्र

प्रिय शैलेश,
रेडियो पर खबर सुन आज कलेजा धड़का है
सुनता हूँ जोगेश्वरी में फिर दंगा भड़का है
सुनता हूँ, सड़क के दोनों ओर जो घर हैं नये-पुराने
जमाने के संगी, आज फौजी हैं, एक दूजे पर संगीनें ताने
मेल मुहब्बत से जो रहते आए लगा कन्धे से कन्धा
उनके भीतर का इनसान आज हुआ अन्धे से अन्धा
बम-पिस्तौल छुरी-चाकू ईंट-पत्थर लाठी-मुक्के
लेने-देने को ये ही अब घर से निकल घर में ढुक के
पान पराग की खाली डिब्बी भी अब बारूद का गोला
नसों में खून नहीं तेजाब, आँखों में किरचें, दिल में शोला
वे सिवइयाँ-गलबहियाँ, वह प्रसाद सुस्वाद, वे बतकहियाँ सुख-दुख की
जीवन-संगर में साथ-साथ जो, यकसाँ घट्ठे हथेलियों के बिवाइयाँ पैरों की
यकसाँ यादें गाँवों की, सिवान के पेड़ों की छाँवों की, जमींदार-महाजन के दाँवों की
उन नावों की जो डूब गईं मँझधार लेकिन जो उपलाकर यहाँ यह लोकल ट्रेन बनीं
हिलमिल-झिलमिल कुहरे में डिब्बों के ठसे-कसे भी, उलझी साँसों में प्रेम बनीं

सघन बसी बस्तियाँ दूरागतों की, मुम्बई देवी के उर-सागर में उर्मियाँ स्वागतों की
छूटे गाँव-नगर का नद-नीर भी हेठा है, अरब सागर का खारा जल कुछ
इतना मीठा है

इनसानी एका का महादृश्य यह केवल महानगर नहीं
मनसाइन से होगा मसान मुहब्बत अगर नहीं
सुनता हूँ, कान में कमल खोंसे वाँ छुट्टा घूमता है एक भूखा बाघ
नाम पूछ भी पतियाता नहीं, पाजामा खोल शिनाख्त करता घाघ
सुनता हूँ, अँधेरे में कुछ लकड़बग्घे भी वहाँ डोलते हैं
खुराक बनाने से पहले बच्चों के खूँ में जहर घोलते हैं
अजीब है, क्या जंगली हो रहा है फिर से आदमी
या उसे भाने लगा है कर्फ्यू-कसा माहौल मातमी
नहीं नहीं, हर बार सड़क पर मारा जाता है जो जन
वह मजूर, उसके हाथों में आयुध नहीं औजार, कर्नी या कलम
वे जो दीठ में धूरा झोंकते पीठ में छूरा भोंकते हैं
बाघ और लकड़बग्घे हैं वे इनसानी जिस्म नोंचते हैं
यह जो खून की पियासी है उनकी चाहत सियासी है
मजहब महज बहाना है, बत्तियाँ गुल, रात अमावसी है

ओ मित्र! सावधान! दूर से चिताता हूँ
चिन्तित हूँ बहुत, चिन्ता कम करके बताता हूँ
कैसे हो तुम, कैसे हैं हृदयेश मयंक मित्र निष्कलंक
आओ शीघ्र, अवकाश मिलते, कि देख पुलकूँ, लूँ अंक
यहाँ भले हैं भाई तुम्हारे, कभी-कभी आते हैं कॉमरेड कर्मठ
'द्वन्द्व' 'छुद्र' के अंक लिये पैम्फलेट लीफलेट उत्कट
खाड़ी-युद्ध की खबरों से क्षुब्ध-क्रुद्ध
रूस-ध्रुव-अन्त से दुखी, आक्रान्ता अमरीका के विरुद्ध
इस पृथ्वी को भट्ठी बना जो मिसाइलें पकाते हैं
हथियारों के सौदागर ग्लोब को ही पलीता लगाते हैं

और मित्र, ठीक हूँ मैं, लिये ललाट पर सलवटें, तारों-भरा आकाश मस्तक पर
कुछ पढ़ता कुछ गढ़ता गिरता-पड़ता चला जा रहा जीवन-पथ पर

सस्नेह
ज्ञानेन्द्र

लखनऊ से लौटते हुए

(डॉ. जयनारायण के लिए)

एक राजनीतिक रैली में
राजधानी को उमड़ी
भीड़ लौट रही थी
झंडे-बैनर समेटे
एक उत्तप्त उत्तेजना को ढो-ढो कर थकी हुई
सँवलाई
भीड़
जिसके पसीने से
सार्थकता की नहीं
निरर्थकता की
गन्ध उठ रही थी

भरे हुए थे लोग
सीटों पर
एक की जगह दो
कसे हुए थे गलियारों में
जहाँ तिल धरने की जगह नहीं थी, वहाँ
दो जूते घुस जाते थे निर्भीक
और जगह बन जाती थी
जरूर वह
ट्रेन के उस डिब्बे में नहीं
लोगों के दिलों में
बच रही जगह थी
थोड़ी-सी जगह
लेकिन काफी
एक आदमी के समाने के लिए

उसी में था मैं
लौटता हुआ विमन
मित्र को मिल
जो भर्ती है
जख्मी देह, टूटी टाँग लिये

अस्पताल में
सड़क-दुर्घटना का मारा
घायल, वाहन-भिड़न्त में
बेतरह

मित्र वह लेखक मशहूर
प्रखर सम्पादक
हिन्दी का योद्धा
जनता का हितू
जीवन की प्रतिमूर्ति
तोड़ न सकीं जिसे बाधाएँ
जकड़कर भी जिसके पैर
रोक न सकीं समय से जिसकी होड़

रह-रह फिरती थी
उसकी छवि आँखों में :
आतुरालय की अनातुर शय्या पर
लेटी हुई एक टूटी-फूटी देह
अक्षत मनवाली
क्लेशों से खेलती एक जिजीविषा मानवाकार

रह-रह गूँजते थे
उसके बोल कानों में :
अपनी ही हड्डियों का कड़कड़ाकर टूटना
धमाकों के बीच सुनाई देता है
और दिखाई देता है बेहोशी में बुझते-बुझते
उस तन का कम्पन भी
खून की एक बूँद बहाना भी जिसे गवारा नहीं
क्योंकि अपन के खून को
जमना नहीं आता
आता है बस बहते जाना—अजस्र अविराम
हीमोफीलिया का मरीज
दाढ़ी बनाने से डरनेवाला
मुझे नहीं मालूम, कैसे आए हैं

फैक्टर एट के मँहगे इंजेक्शन
दो बखत में ही दस हजार रुपये लगते हैं—
कहते हैं, शाही बीमारी है यह
इंग्लैंड के राजपरिवार में पलनेवाली
किन्हीं की औकात के अनुरूप
अपनी तो बिसात के बाहर
जाने कैसे एक साधारण आनुवंशिकी में घुस आई
एक असाधारण बीमारी
हीमोफीलिया! हिम हो जाता है मन सुनकर जिसका नाम
काश! अब तन भी होता
लहू जाता जम धमनियों में
लेकिन यही तो नाकाबिलियत!
इस रोग की असलियत!
असलियत हमारी वर्गीय स्थिति है
विषम परिस्थिति है!

मैंने देखा था तब
मौत के मुहाने से जीवन के लौट आने की खुशी को
लील रही थी एक व्याकुलता
सिरहाने से पैताने तक
व्यापती
उस शय्या के
जो कहलाती है बेड नम्बर बारह
आर्थोपेडिक इमर्जेन्सी की
लखनऊ मेडिकल कॉलिज हॉस्पिटल में
मण्डलित
सम्बन्धियों से, शुभचिन्तकों से
जिनमें अनेक
हिन्दी के लेखक प्रसिद्ध
खड़े वेदना-विद्ध
निरुपाय

निरुपाय वे
जो लोकतंत्र के पहरुये हैं

रिक्त हस्त
तिक्त-त्रस्त
देखते लोकतंत्र उनका शोकतंत्र

इस लोकतंत्र में
कुछ है जो अलौकिक है
तीन बार छींक उठने पर
या कभी दम फूल जाने पर
या तनिक चक्कर आने पर
या केवल असगुन से दंशित
उधियानों में उड़ जाते हैं विदेश
स्वास्थ्य-परीक्षण के लिए उपकरण-सज्जित अस्पतालों में
सरकारी खर्चे पर
यानी जनता के पैसों पर
क्योंकि वे जन-नेता
विजेता
शेष सब पराजित हैं
खस्ताहाल खैराती अस्पतालों में चित हैं

यह सोचते एक धक्का लगा
वह विचार का धक्का नहीं था
रेला था
मैं दूर तक गया धकेला था

ओह! क्यों बटोरते हैं वे लोगों को
दूर-दूर से भाँति-भाँति से जुटाते हैं
कौन-सी खुशखबरी है उनके पास जो शोकान्तिका न निकले
अक्षांश और देशान्तर रेखाओं के बीच
विषुवत रेखा के समानान्तर
उन्होंने एक बेवजूद विभाजक-रेखा खींची है
जिसके इधर या उधर
तुम उनके या किनके
साम्प्रदायिक या सेकुलर

उनकी राजनीति में नीति का क्या अर्थ है
कि वह केवल घास-फूस से मुँह-ढँका गर्त है

तब तक मैं धकियाया जाकर
दो संडासों के बीच की जगह में अँडसा था
उमस में उमचती एक तीखी गन्ध भोथर कर रही थी दिमाग
और भीतर कहीं लग-सी रही थी आग
कि तभी मैंने देखा
गलियारे में घुस आई थीं
एक जोड़ा सान धरनेवाली मशीनें
दिन-भर घूम-घूम
घर-घर मुरझाए पड़े
छुरी-चाकू कैंची-पँहसुल औजार-हथियार
को नई धार देने में लगी रहने वाली
तीक्ष्णकर मशीनें
अजय-विजय की
घट्ठिल हथेलियों वाले जो बारह-चौदह के दो भाई
जिनकी वे सान-धर मशीनें
दिन-भर अलग-अलग घूम-घूम, शान से घूमते शाण-चक्रवाली
इकट्ठे लौटतीं इसी ट्रेन से
छहबजिया से
आज
डिब्बे की भभकभीड़ में
अनहिल पैडिल और रुके हुए गतिचक्रवाली
गलियारे की दीवार से टिकीं
एक साथ, एकटक मुझे ताकतीं
उठती नहीं सान धरने की आवाज
उड़ती नहीं चिनगारियाँ
लेकिन मेरे मन पर से
हताशा की जंग छूटती-सी
धार पाता-सा भोथराया दिमाग
लोहा-सा घुलता लहू में, कहता :
हारो नहीं, लोहा लो, लोहा लो।

मित्र-मिलन

मित्र को मिलने गया
तनिक अकुलाया, उसके घर

क्योंकि पिछली शाम
जब वह आया था मेरे यहाँ
उसकी आँखें थीं लाल
क्रोध से नहीं, और न ही उसने पी रखी थी सही-साँझ
सीधे दफ्तर से लौट रहा था
लक्षण थे कि उसका रक्तचाप बढ़ा हुआ था
आपे में नहीं था उसका जी
माथा घूमता-सा था
और चित्त था उचटा-उचटा
जिसे कोई कविता तब बहलाती या सहलाती
जब उसे सुनना गवारा होता
आँकड़े केंकड़ों-से रेंगते थे उसके दिमाग में
और उनका 'कमांड' उसे बिसर गया था
जबकि कभी उसका दावा था कि उसके मस्तिष्क का 'माउस'
सदा रहता है उसकी मुट्ठी में

वह चला गया था, जल्द ही
और अनकहे विषाद की एक अचीन्ह रेख
छोड़ गया था पीछे
मेरे मन पर

और लो, अपने घर वह
तब तक लौटा नहीं था
कम्प्यूटर की आँखों में आँखें डाले वह
घर से कार्यालय की दो-चार किलोमीटर की दूरी पर नहीं
मुझसे आधी शताब्दी के अन्तराल पर था
चौथी पीढ़ी के कम्प्यूटर से था उसका अपनापा
और कहाँ पहली पीढ़ी के कम्प्यूटर से भी मेरी मुलाकात न थी

बहरहाल, फाटक था खुला
और मेरी तरह के किसी अप्रत्याशित की प्रत्याशा में
एक कुर्सी भी रखी थी
नन्हे-से लॉन में

मकानों के पीछे
सूर्य डूब रहा था
और झँवा रही थी
जून की तपती हुई धरती

कि अचानक निगाह गई
एक कमरे की खिड़की के बाहर
जहाँ कूलर लगा था
उसके बगल में ही
वह एक चमेली की गाछी थी
जिसकी एक शाख डोल रही थी हवा में
उसके आकाशीय छोर पर
वह था एक गिरगिट
एक युवा गिरगिट
पता नहीं नर या मादा
उसकी लम्बी दुम लटक रही थी नीचे
रीढ़ पर का दृढ़ रोमांच क्षितिज में दिख रहा था

निकट से जा देखा
एक कोंपल को पिछले दाएँ की गिरफ्त में लिए
और एक और कोंपल को अगले दाएँ पैर के आलिंगन में
गाछ की ओर मुँह किये
उस गिरगिट के दिख रहे आँख-गोलक में
सूर्यास्त का नीला पड़ा बिम्ब था
जो धीरे-धीरे बुझ रहा था
मुँद रही थी उसकी आँख
दिन रहते शयन-मुद्रा में यहाँ आ जमा था वह गिरगिट
उसके वजन से
चमेली की वह शाख धीरे-धीरे डोल रही थी

और अचानक याद आया मुझे
निरुक्त में यास्क का निर्वचन :
शाखा होती है ख-शया
आकाश में सोनेवाली
और यहाँ शाखाग्र पर
सोया हुआ यह गिरगिट
जिसे चमेली की शाखा
धीरे-धीरे डुलकर
झूला झुलाती हुई

तभी बही बयार, जी जुड़ाती
देखा, आकाश में
पंचमी का चन्द्रमा शुक्लपक्षी
धीरे-धीरे प्रभा पा रहा था
धीरे-धीरे डोल रही थी चमेली की वह शाख
सो रहे उस युवा गिरगिट के वजन से
अरे! जाने कब से
सुदूर प्रागैतिहासिक काल से
पृथ्वी पर आदमी के आगमन से पहले से

लौटा मित्र, लौटा उससे मिल कर मैं भी
और अब मेरी चिन्ता में
शयनकक्ष में चलते कूलर के सम्मुख सोए
नींद की गोली गटक कर भी पहलू बदलते
बिस्तरे की चादर को सलवटों से भरते
मित्र के बराबर ही शामिल है
कमरे के बाहर, खुले में
बित्ते-भर के लॉन में
अब तक निफूली चमेली की मनफूली शाखा के
कोंपलों-भरे आकाशीय छोर पर
धीरे-धीरे डुलता, सुखनींद सोया
वह गिरगिट।

अनायास तुम्हारी याद

(बाबा के निधन पर)

आले पर दीये की तरह टिम-टिम जलते रहे वे
घर-घुसे अन्धेरे को खेदते हुए
तभी टार्च की तरह निकल सका मैं बाहर
सूचीभेद्य अन्धेरे को भेदते हुए

अनायास तुम्हारी याद!
और इसके साथ उतनी ही अनायास
शमशेर की पंक्ति :
"तरु गिरा
झुक गया था जो गहन छायाएँ लिये"

तरु ही थे तुम
महातरु
बटवृक्ष
हमारे ऊपर तुम्हारी छाँह का आकाश
हमारे नीचे धरती से एकमेक तुम्हारी जड़ें
तुम्हारे वक्ष में धड़कनों की तरह भरे हुए घोंसले
आकाशचारी चिड़ियों के

तुम्हारी ही एक बीजबूँद मैं
बन गया एक पूरा वृक्ष
स्वतंत्र
धरती के तमतल तक फेंकना चाहता जड़ें
भुजाओं से मथता आकाश

आह!
लेकिन तुम्हीं थे मेरे तरु

मेरे भीतर जैसे किसी पखेरू के भीतर
गिरा है उसका तरु
मेरे भीतर जैसे किसी पखेरू के भीतर
गुम गई है वापिस लौटने की धरती।

तुम्हीं ने मुझे गढ़ा

(बाबा के प्रति)

तुम्हीं ने मुझे गढ़ा
अपनी शक्ल में नहीं
मेरी शक्ल में
मैं साथ सोता था तुम्हारे
खुले में
तारक-गुच्छों से तुमने कराई मेरी दोस्ती
ध्रुव को चिन्हाया
तुम्हारे साथ सोना जैसे सप्तर्षियों की खाट पर सोना था
तुम्हीं ने मुझे चखाया
आम और ईख का स्वाद से आगे का रस
तुम जो जानते थे धरती के भेद
सुनते थे बादलों की फुसफुसाहट
फसल की ऊँचाई से आकाश को देखते थे
मेंड़ धाँगते तुम्हारे कन्धों पर बैठा हुआ
कितना ऊँचा उठ जाता था मैं
तारों के गुच्छे अंगूर के गुच्छों-से मेरे ललाट से टकराते थे
परिपक्व बेल की तरह भीनी गन्ध से भरा तुम्हारा कपाल
होता था मेरी जिज्ञासु ठुड्ढी और विस्मित नासिका के नीचे
प्रसन्न प्रश्नोत्तर
मंजरित आम्रतरुओं की तरह जाने कितनी कहानियाँ!
एक बेचैन खोजी मन के लिए
सुवासित सघन छाँह थी तुम्हारे मस्तिष्क की अमराई
कि ज्येष्ठ का ज्योतिष्क भी बन जाता था
सरोवर का चन्द्रमा मेरे लिए

तुम्हीं ले गए मुझे
पंचतंत्र के वन में
समझने को आदमी का मन
रामायण के रनिवास में
महाभारत के युद्ध में

हँसकर कहते कि ठीक है मैं गीता का मुखौटा ही ताकूँ
तुम कृष्ण को पहचानो!

पहचानो
पहचानो
तुमने कहा

जयद्रथ-वध पढ़ते हुए तुम्हारी आवाज़
उत्तेजित हो काँपती रही :
'एक पापी ले डूबता है नाव को मँझधार में'
बड़ी संक्रामक तुम्हारी वेदना-उत्तेजना
वेश बदल मुझमें घर कर बैठी, बढ़कर बैठी
अपने अगल-बगल दूर-सुदूर उस पापी को पहचानने की कोशिश
हरदम
नाव को डूबने न देने की कसम

हाँ, तुमने मुझे गढ़ा
अपनी शक्ल में नहीं
मेरी शक्ल में
गढ़ी मुझमें गढ़ने की ताकत
कुछ इस तरह कि जैसे मेरे हाथों ने मन-मस्तिष्क ने
जब जो गढ़ा वह मेरा भविष्य भर नहीं तुम्हारा अतीत भी
होना चाहता सुन्दर से सुन्दरतर।

पतझड़ शुरू हुआ

पतझड़ शुरु हुआ
अभी-अभी शीत सहकर निकले थे जो पत्ते
अपने हिस्से का हर्ष-शोक जीकर निकले थे, जो पत्ते
वृक्ष के वक्ष से थे जो अनन्य-बद्ध
ढीली पड़ गई उनकी गाँठ वृक्ष से धरती से सूर्य से
समेट ली उन्होंने अपनी हरीतिमा शिराओं में और फिर स्मृति में
विस्मृति की हद तक

पतझड़ शुरु हुआ
बसन्त की हवा के आते
मिला टेलीग्राम : बाबा नहीं रहे

नंगे हैं पेड़ सामने
सूने, पर अनउगे पत्तों से थरथराते
मंजरों की महक है हवा में
मेरे मुँडे सर पर उगे आ रहे हैं केश

आज बार-बार याद आई है
शमशेर की कविता पंक्ति :
तरु गिरा / झुक गया था जो गहन छायाएँ लिये
आज लिखी है मित्र की नवजात बिटिया के नाम सन्धान में
एक असीसती कविता।

बिटिया का नाम

तुम्हें किस नाम से बुलाऊँ
नन्ही बिटिया
पृथ्वी की कोमलतम कोंपल! तुम्हें किस नाम से पुकारूँ?

है कोई शब्द
जिस पर न लगी हो इस दुनिया की धूल-गर्द
पसीने लहू के दाग
है कोई शब्द जिसके खोखल में
छुपकर बैठी न हो लज्जा
छुपकर बैठा न हो पश्चात्ताप

मैं कवि
भाषा की शब्दों झुकी शाख
धरती के निकटतम
देता ही आया हूँ अनदेखों परित्यक्तों भावों घावों को नाम
मैं कवि, नन्ही बिटिया
जिसके सारे शब्द निन्दित और रक्ताक्त

मेरी गोदी में तू!
अपनी भोली माँ और भावुक पिता के प्राणों का सारांश
सरसों के दाने-सा नन्हा और नीरव तेरा मुँह
कली की तरह कसी तेरी मुट्ठी
नींद-सा नरम तेरा माथ
कि जिससे उठती है अलिखित कविता की कस्तूरी-गन्ध

ओ नन्ही बिटिया!
घुटनों के बल झुके हुए कवि के भीतर
एक शब्द बनकर उतरो तुम
कि जिस तरह उतरी हो माँ के स्तनों में दूध बनकर
पिता के वक्ष में बनकर सृष्टि की रक्षा का संकल्प
उसी तरह उतरो तुम
शीर्ण शब्दों से भरे हुए कवि के भीतर एक जीवित शब्द बनकर
उतरो तुम
उसके भूचाल पर रखकर अपना शान्त पगतल।

आवो, चलें हम

आवो, चलें हम
साथ दो कदम
हमकदम हों
दो ही कदम चाहे
दुनिया की कदमताल से छिटक

हाथ कहाँ लगते हैं मित्रों के हाथ
घड़ी-दो घड़ी को
घड़ीदार हाथ—जिनकी कलाई की नाड़ी से तेज
धड़कती है घड़ी
वक्त के जख्म से लहू रिसता ही रहता है लगातार

कहाँ चलते हैं हम कदम-दो कदम
उँगलियों में फँसा उँगलियाँ
उँगलियों में फँसी है डोर

सूत्रधार की नहीं
कठपुतलियों की
हथेलियों में फँसी है
एक बेलन
जिन्दगी को लोई की तरह बेलकर
रोटी बनाती

किनकी अबुझ क्षुधाएँ
उदरम्भरि हमारी जिन्दगियाँ
भसम कर रही हैं
बेमकसद बनाए दे रही हैं
खास मकसद से
आवो, विचारें हम
माथ से जोड़कर माथ
दो कदम हमकदम हों
हाथ से जोड़ें हाथ।

प्रबोध

एक धवल अट्टालिका
और उसके सामने एक कलिखाई भड़भूँजे की झोंपड़ी
देखकर आता है याद
भरतमुनि का प्रबोध :
रखो याद, श्वेतपर्वत पर
दैत्य और दानव रहते हैं
और नीलपर्वत पर निवसते हैं
सिद्ध और ब्रह्मर्षि—अरे! बल्कि वही है—
वैदूर्यमणि का उद्‌गम-स्थल!

मिल्कियत

अटारी किसी की हो
कंगूरे की मालिक है चिड़िया

पेड़ सामन्तों के हैं या सरकार के
पतझड़ हमारा है।

सूर्यास्त के सामने

मेरी खिड़की के बाहर
एक बहुत मामूली-सा दृश्य है :
सामने की छत पर
सूर्यास्त को पीठ दिये
खड़ा है एक आदमी
गोद में अपने बच्चे को लिये
घुटनों चलकर
छत के माँ-छोर से
अभी-अभी आया है यह बच्चा
पिता-छोर तक
नन्ही बाँहें उठाने से पहले विहँसती आँखें ऊपर उठाए

उसके गुलाबी तलवे सान्ध्य आकाश का आईना हैं
माँ की दुलारती निहारती आँखों से पोंछे जाते हुए निर्मल

उसके घठाते घुटने धरती के खनिजों की आँच से सिंकते हैं

सूर्यास्त को पीठ दिये
एक हाथ फैला, गोद के बच्चे को
दिखाता है दूर पथ, पिता
जिधर जाना है उसे एक दिन
तलवों को जूतों में कस, तस्मे बाँध
माँ की आँखों से दूर
टेकने घुटने
प्रार्थनाओं याचनाओं सफलताओं के लिए—
यदि सब कुछ ठीक रहा
यानी यदि तोड़ दिये जाने के काबिल न हुए वे घुटने—जिद्दी, अझुक।

खेल-खेल में

वे दो छोटे बच्चे हैं :
एक बच्चा एक बच्ची...
सामने, खिड़की से दिखते, पार्क के मैदान में
खेल रहे हैं एक दिलचस्प खेल
भूले बाकी दुनिया

खेल कीचड़ को गूँधने का है

वे कुछ बना रहे हैं
शायद घर, या शायद घर से भी आत्मीय कोई दूसरी चीज
जिसका नक्शा बस उनके ही ज़हन में कैद है
कैद नहीं, आज़ाद—कच्चे-खिच्चे मन के कल्पनाकाश में
मानिन्द आर्किटेक्टों के कम्प्यूटरों की स्मृति-कारा में बंद नहीं

वे जरूर कुछ बना रहे हैं
कोई सालिम, मजबूत चीज
वे गीले—साँवले कीचड़ में धूल मिला रहे हैं
बारीक—सफेद धूल
यह उनकी सीमेंट है जिसमें मिलावट नहीं चलेगी तनिक भी
एक नन्हा-सा तिनका, एक सूखा पत्ता, नहीं कुछ भी नहीं
बीन-बीछकर अलग कर दे रहे हैं वे खर-पात
काम खरा कर रहे हैं वे
ताकता हुआ देखता हूँ मैं
कि जैसे अपनी कलम का मुंशी नहीं
उस निर्माण-कम्पनी का तकवाहा मुंशी होऊँ मैं
उस अभिनव निर्माण-कम्पनी का
जिसके अस्तित्व से बहुजन अभी अपरिचित
पर जिसके वे कुशल इंजीनियर-वर्कर
कल्पक कर्मठ
वे दोनों छोटे बच्चे
एक बच्चा, एक बच्ची
अपने खेल में मशगूल

इस खेल से पहले
दोपहर-भर अकेला
वह बच्चा इसी पार्क में
कोने-कोने भटकता फिरा था
गिरगिटों पर निशाने लगाता
जब आई थी वह बच्ची
अपने घर से निकल, साँझ-रँगी पगतलियोंवाली
उसने किया था यह खेल शुरू
देर तक इच्छा और उपेक्षा की
दो पुतलियों से जिसकी ओर देखता
आखिरकार जिसमें बढ़-चढ़कर शामिल हो गया था वह बच्चा
सिरजने का वह खेल
जो देखनेवाले को भी तन्मय कर देता है

तन्मयता को तोड़ता
अचानक उठता है डर
भीतर

क्या जब यह खेल खत्म होगा
बस खेल की तरह खत्म हो जाएगा

ये सिरजनहार बालक हाथ, बढ़कर
पुरुष परुष बाँहों में बदल
क्या कल को
बनाएँगे बम हिंसक—प्रतिहिंसक
कील-काँटे-छर्रे भरेंगे उसके बारूदगन्धी उदर में
जिस तरह पनवाड़ी रखता है सुपाड़ी के कतरे
हथेली पर रखे पान को मोड़ने से पहले
कि जिसकी नकल में
प्राय: खेलती है वह बच्ची अपना प्रिय खेल
किसी हरियर पत्ते पर
स्फटिक-धवल नन्हा कंकड़ रख उसे मोड़ते
पान-पान का खेल
ठीकरों के मोल बिकनेवाले उसके पान

पर जो अमोल
—कहता हूँ मैं
मैं जो कलमधर मुंशी
हिसाब-किताब में लगा हुआ
उन चीजों के जो किसी गिनती में नहीं।

खेल-उद्वेल

कितना अद्भुत दृश्य
और कितना सरल!

वह एक गंगामुखी मन्दिर का
ग्रिल-ढँका बारजा
कि जिन ग्रिल-छिद्रों से
आ-जा सकती हैं बस गौरइयाएँ
आज उनमें से एक में से
लटक रहा है एक शिशु पैर
ग्रिल के पीछे बैठा है एक खिलन्दड़ा बच्चा अधनंगा
माँ की गोदी में नहीं समानेवाला, दादी का संगाती
एक पाँव लटकाए बाहर, ताकता गंगा
कि उसका हिलता पाँव लगता
गजशिशु की सूँड़ लहरती
रह-रह

अरे! यह निर्दोष शैशव का
कौतुकी चित्र
चित्त-मित्र
कि उस पैर में दिखता है एक और ही पैर
औचक हहरता याद आता है
कालिदास के 'रघुवंश' का अन्तिम सर्ग
और उसका नायक कि अनायक राजा अग्निवर्ण
कर्तव्यविमुख विलासी
मुक्तभोगी, तदुपरि भुक्तभोगी

प्रजा के दर्शन के लिए
गवाक्ष-विवर से लटका देता बस एक अनिच्छुक पैर
शेष देह इच्छित राग-रंग में निमग्न अलक्षित

ओह! अरे!
कितनी भयानक कल्पना!
कि स्मृति!
कभी स्मृति अपने आँगन से कल्पना उड़ाती
कभी कल्पना उड़कर स्मृति तक पहुँचती है

ताज्जुब काहे का!
अग्निवर्ण हो या हिटलर
शैशव के पाँव गुलाबी पगतलियोंवाले ही होते
निर्दोष सरल
यह तो जमाना है जो झुककर
नाल-जड़े जूते पहनाता है
पाँवों में।

विश्वामित्र कहाँ, अब विश्व-मित्र

अजी! गर्त में पड़ा हुआ आदमी
जरूरी नहीं अजीगर्त हो
बेटबेचवा

फिर भी कदम-कदम पर
खिच्ची हड्डियोंवाला शुनः शेप एक
यूप-काष्ठ से बँधा, बलि-प्रस्तुत
गुहारता है विश्वामित्र को
उस राजपथ के किनारे भी, जिस पर से
विश्व-मित्र तो अनेक गुजरते हैं—
करुणार्द्र होते भी जल्दी में
विदेशगामी वायुयान पकड़ने की।

सम्बन्ध

साइकिल-रिपेयर की दुकान पर
पम्प से निकलकर जो हवा
आपकी साइकिल के चक्के की टायर-मण्डलित ट्यूब में जाती है
उसका
किन्हीं फेफड़ों से कोई सम्बन्ध है
फेफड़े, जो
अभी किशोर हैं
फुलक्का फुलानेवाली बाल-वय से जो
अभी-अभी विकसे हैं
अभी उनमें उतनी ही फूँक समाती है—फुलक्काफुलाऊ
गो, बीच-बीच में, सिगरेट के सुट्टों से
जिसे बढ़ाने का अभ्यास
शुरू कर दिया है उन्होंने

यह आपको दिखता है कि नहीं
कि पैडिल पर पाँव रखने से पहले
बेमन से उछाली गई चवन्नी की कौंध में
मोबिल और कालिख के दागों से भरा एक चेहराहीन कपड़जोड़ा भर दिखता है
आपको

सामने सड़क पर गुजरते हुए
एक किशोर पर कर्मठ काँधे पर लदे कि खिले बैलून-वृक्ष को
बिम्बित करनेवाली एक जोड़ी आँखें नहीं—
एक मैला-कुचैला कपड़जोड़ा
आपकी साइकिल के फ्रेम को रगड़-रगड़कर चमकाने के लायक, बस

यह एक सवाल है जिसका उत्तर
किसी और को नहीं, ख़ुद आपको चाहिए

क्योंकि यदि 'नहीं', तो
अपने सम्बन्धियों की चिन्ता से कातर आपको
उनकी चिन्ता छोड़कर
अपने सम्बन्ध में सोचने की ज़रूरत है

और कुछ करने की
बगैर देर किये थोड़ी भी
महाशय जी!

लेन-देन

अधरात
किताब मूँद, कार्ल मार्क्स की
निद्रा का आह्वान करता हुआ मस्तक
विषैली विषमताओं को
महसूस करता है रेंगते
तन-बदन पर

बिच्छुओं से भर जाता है बिछौना

बाहर निकलते ही
निशीथ से टकराता है माथ

रतजगा करनेवाली वह चाय-दुकान ही है
जीवन-द्वीप अभी
तिराहे पर
अगल-बगल की शटर-गिरी बन्द दुकानों के बरामदों तक पर पसरी
वह चाय-दुकान, सुगन्ध-ध्वज

कि जहाँ दिखता है
एक बन्द दुकान की सीढ़ी पर
सोया हुआ एक बालक—म्लान
हाँ, हूँ पहचानता उसे
चाय-गिलासों को धोने-माँजनेवाला छोकरा वह
अनाम

अभी तो बस
सड़क के हाशिये पर सोया हुआ एक शैशव
गुलमोहर की एक लम्बी फली की तलवार लिये निद्रित मुट्ठी में

अपनी नींद की रक्षा करता हुआ
तलवार भाँजता हुआ सपने में, प्राणपण से
पर कितनी देर...
आ बैठते हैं एक साथ कई ग्राहक
चाय के नहीं, उसकी जान के
एक गिलास चाय और कई गिलास पानी पीनेवाले

बैठा-बैठा देखता हूँ
भोर से पहले
रात के बीत जाने और दिन के न आए होने के
अवाक् मध्यान्तराल में
शिथिल होती हैं सारी दिशाएँ जब
बस गम्भीर हो रही होती है पूरब दिशा
दुकान-दौरी समेट
दुलकते कदमों से जाता है वह बच्चा
पास ही, गुलमोहर के नीचे
बिछी है उसकी खाट—जो कि एक टूटी बेंच है
जिस पर पड़ते ही सोने से पहले
गुलमोहर के आल-वाल के आयुधागार में
जमा करता है वह चन्द्रहास तलवार अपनी—वह लम्बी-सी गुलमोहर-फली

और मैं सोचता हूँ
विषमताओं से व्यथित अपने मस्तिष्क से
कि क्या इस बच्चे से मैं
थोड़ी-सी नींद माँग सकता हूँ
जिस तरह अपनी जेब से चुनौटी निकालते
और तलहथी पर खैनी खोंटते
लोग किसी से भी थोड़ा-सा चूना माँग लेते हैं, बस चुटकी-भर
और
क्या बदले में दे सकता हूँ उसे मैं
थोड़ा-सा अपना कार्ल मार्क्स
नहीं, उतना नहीं जो नींद उड़ाए
बस उतना ही कि
गुलमोहर की फली की उसकी वह चन्द्रहास तलवार

भूतल के तमाम लौह-अयस्क की
आत्मा बन जाए।

एक रेल-डिब्बे में

वह डिब्बे का फर्श बुहारता हुआ आता है
अपनी टुटही झाड़ू के आगे
मूँगफलियों के छिलकों
और सिगरेट की ठूँठों और तुड़मुड़ाए ठोंगों
का एक मटमैला ढेर लिये, घुटने मोड़े
गन्दे पोंछे की तरह फिरता हुआ
धीरे-धीरे खिसकता हुआ तुम्हारी ओर आता है वह
जिसे तुम जल्दी-से-जल्दी गुजर जाने देना चाहते हो
पाँवों को उठाकर, फर्श बुहारने की सुविधा देते हुए
कि जैसे उससे उठने वाली वह धाह
केवल एक जठराग्नि की हो
घुरबिनिया जिन्दगी में पलने वाले जीवट की नहीं
जिसे तुम जल्दी-से-जल्दी
गुजर जाने देना चाहते हो बगल से
जानते हुए कि अभी लौटेगा
गन्दी देह में चमकीली आँखों वाला वह
चमकीली आँखें—जिन्हें तनिक बुझा कर
हाथ फैलाता है वह आखिरकार, तुम्हारे आगे
—भीख नहीं, मेहनताने के लिए फैली वह बाल हथेली
जिसकी जीवन-रेखा से तुम आँखें चुराते हो
मस्तिष्क-रेखा से तुम आँखें चुराते हो
तुम उसके मैले स्वाभिमान से आँखें चुराते हो
देते बेमन से एक सिक्का
या नहीं देने के लिए आँखें कहीं और उलझाते
याकि नींद ओढ़े लेते तुम
तब
उस स्लीपर-डिब्बे में, बर्थ तले
तालाबन्द सिकड़ियों से जकड़ी, सुरक्षित

उनींदी आँखों में के तनिक अविश्वास से
उसे देखती हैं तुम्हारी अटैचियाँ
जिनकी ओर वह नहीं ताकता।

उड़ती हैं पत्तियाँ

उड़ती हैं पत्तियाँ
पहिये चलने पर
गाड़ी चलने पर पीछे-पीछे
कुछ दूर
राजधानी आनेवाली सड़क पर
उड़ती हैं पत्तियाँ
आमों और लीचियों के बगीचों की
पहुँचतीं नहीं राजधानी तक
गंगा के पसार तक पहुँचने से पहले
परित्यक्त जहाज़घाटों या गंगामापी पुल पर पहुँच
हवा या यातायात से बुहारे जाने से पहले
समेट ली जाती हैं बड़ी-बड़ी गठरियों में
विजन दुपहरियों की पहरेदारिन
दादियों और पोतियों के हाथों से
दयालु दुबले हाथों से

पत्तियाँ नहीं
राजधानी पहुँचती हैं
मधुकूपक रसाल और रसगुल्लक लीचियाँ
ट्रकों टोकरियों में
और पहुँचते हैं
कोमल कुम्हलाए बालक
नौकरी की तलाश में
रिक्शा खींचते बोझा ढोते होटलों में खटते
फर्श और बर्तनों को चमकाते
उनके चीकट कपड़ों की बास में बसी नींद की इच्छा की गन्ध

झड़ती-उड़ती पत्तियों को समेटनेवाले
दयालु दुबले हाथ
काँपकर रह जाते हैं
पत्तियों-से उधियाते फिरते हैं
उनकी आँखों से दूर
एक कठोर संसार में
एक निष्पत्र सफल संसार में
कोमल कुम्हलाए बालक
इस होटल से उस होटल
इस कसाईखाने से उस कसाईखाने
धीरे-धीरे खाए जाने
मधुकूपक रसालों और रसगुल्लक लीचियों के साथ
रसज्ञ नागरिकों से भरी राजधानी में।

फुटबाल को देखो

देखो, ध्यान से देखो
उस फुटबाल के पेट में
केवल हवा है
कि उसमें कैद हैं
किन्हीं बच्चों की साँसें?
नन्हे नाजुक हाथोंवाले बच्चे
छालों से छलनी हथेलियोंवाले
सूआ सम्भाले
सिर झुकाए जो सीते हैं सख्तखाल फुटबाल
उधेड़कर अपनी जिन्दगी रेशा-रेशा

यदि बहरी नहीं हो गई है तुम्हारी आत्मा—बज्जर बहिर
तो तुम्हें सुनाई पड़ेगा
उस फुटबाल की आकाशी उछाल में
रसातल में धँसते शिशु मजूरों का चुप्प आर्तनाद
स्टेडियम की हर्ष ध्वनि को डुबोता

तब तुम हरगिज शिशु जिन्दगियों को
पाँवों की ठोकर पर रखने का खेल नहीं खेलोगे
फेंक देना चाहोगे हमेशा के लिए उस फुटबाल को मैदान से बाहर
अतलांतिक महासागर के गर्त में गुम हो जाने के लिए
वर्तमान के एक अंगारा क्षण को
फेंक देना चाहोगे झुलसता हाथ घुमा अतीत के अन्धजल में सुदूर

क्योंकि तुम एक मामूली आदमी हो
अपनी माँ के बेटे
तुम नहीं हो शामिल सत्ताधारियों के नृशंस कुनबे में
जहाँ मदमाते पाँवों के बीच यह ग्लोब ही फुटबाल बना है
भूमिगत परमाणु-विस्फोटों से बदहाल
तुम तो फुटबाल को छूने से घिनाओगे
जो है वनमानुषों से भी बर्बर धनमानुषों के लालच का लोलक गोलक
जिसके भीतर हवा की जगह कैद है किन्हीं बच्चों की साँसें

तुम्हें
अपने अन्त:करण की अदालत में
शैशव के वध का अपराधी बनकर
खड़ा होना हरगिज मंज़ूर न होगा।

दीपावली की रात

फिर छूटा एक पटाखा
बच्चों के आनन्दित शोर के शिखर पर
एक पल को करता उन्हें भी स्तब्ध

चिहुँककर बुदबुदाए बूढ़े दादा
अपनी आरामकुर्सी में कसमसाए
उड़ गईं चिड़ियाएँ
घरों के मुँडेरों पर से
आकाश में मँडराईं

और मुहल्ले में जो एक-दो वृक्ष हैं नीम और बेल के
उन पर बैठ गईं

एक गौरैया ने—इन्हीं गर्मियों में जिसने खोली थी आँख
पर घर-घर घुसकर जिसने पिंजरे को पहचानना सीख लिया था
पूछा बगल के एक उम्रदराज कबूतर से :
यह सब क्या हो रहा है
जो कागज की चिड़िया उड़ाते हैं खुश-खुश
और हवा में गेंद उछालते हैं
वे नन्हे-मुन्ने बच्चे बौराए क्यों हैं आज

कबूतर ने समझाया : सुन री गौरा
यह ऐसे ही होता है हर साल
रात-रात-भर उड़ने का सपना देखनेवाले बच्चों के कन्धों पर
जब किसी सुबह उन्हें तेल मलती हुई माँएँ देखती हैं उग रहे पंखों के निशान
घबड़ा जाते हैं बड़े
विशेषकर वे जो बड़ों में बड़े हैं
यदि परियों से प्रेम हो जाए बच्चों को
यदि देवदूत बनकर चले जाएँ वे छोड़कर घर पंख फैला सुनील आकाश में
तब क्या होगा इन बड़ों का
कल को कौन उड़ाएगा उनके बमवर्षक विमान
उनकी हथियारों की दुकान में कौन माल बेचेगा-खरीदेगा
उनका युद्ध लड़ेगा कौन
उनके साम्राज्य के सन्तरी कहाँ से आएँगे
उनके तख्त के पाये ही टूट जाएँगे
भट्ठा ही बैठ जाएगा उनका
बेमौत मरेंगे मौत के सौदागर
इसलिए खिलौना बन्दूकें खिलौना टैंकें खिलौना बमवर्षक बनाते हैं वे
बड़े प्यार से बच्चों के हाथों में रखते हैं
देखो तो, तड़-तड़ स्टेनगन चलाते हैं खिलौना सिपाही, बटोरते वाहवाही
कल को बम चला सको इसलिए लो, आज ये बमबच्चे—ये पटाखे चलाओ
जितना ही भयावह हो विस्फोट उतना ही आनन्द महसूस करो
खून में घुलाओ बारूद
दिमाग में हिंसा

भले ही बच्चों का खून उसकी हरियाली सूखने से पहले
विष से नीला पड़ जाए
और दिमाग उजला होने से पहले हो जाए काला

और उनमें भी जो देखो शिवकाशी के बच्चों को
आँसुओं गलें तुम्हारी टिमकती आँखें
आतिशबाजी के कारखानों में
सुलगती उँगलियों जलती आँखों
पटाखों के पेट में भरते
बारूद में मिला हुआ अपनी जिन्दगी का बुरादा
शिवकाशी के वे एक लाख बच्चे
एक लाख तीलियाँ हैं
एक लाख जिन्दगियाँ एक लाख तीलियाँ
काश कि माचिस की डिबिया में
बारूद की मुट्‌ठी में
बन्द तीलियाँ न होतीं वे
तो हम उन्हें
अपने घोंसलों में शामिल कर लेते
चिड़ियों में शामिल कर लेते
यदि होते न मानव-बच्चे वे
पंख देते आकाश में उठा लाते, जब धरती पर
उनके जीने की जगह नहीं, मरने की जगह ही बची है
प्रौढ़ पत्थर-हृदय आदमी में बचा ही नहीं एक करुण कोना

उस रात
घरों के रोशनदानों में बसेरा लेनेवाली चिड़ियाएँ
नहीं लौटीं वहाँ
अपने पंजों से पेड़ की टहनी ही पकड़े रहीं
क्या जाने जो उनमें से नई चिड़ियों के दुःस्वप्न में
पके पीले फल भी अचानक बम की तरह फटने लगे हों उस रात
और पुरनियाँ चिड़ियाएँ
मानव-शिशुओं की खैर मनाती रही हों।

खून का रिश्ता

वे बच्चे
मूँड़ी गोंतकर
जिन्हें बारह घण्टे करना होता है काम
दरिद्रता के कोख-जाए बेटे
लक्ष्मी की अमरबेल
जिनकी खिच्ची उँगलियों से
लिपटती है

दो आँखों की चाबुक
उनकी झुकी पीठ पर
निगरानी रखती है

घुटनों पर ही नहीं, आत्मा पर घावोंवाले
रिसते घावोंवाले
वे बच्चे
रिश्तेदार बताए जाते हैं
नजदीकी रिश्तेदार
दूर गाँव के अपने-सगे
और देखते रह जाते हैं ठगे
प्रशासक और न्यायाधीश
नियम-अधिनियम के नट-बोल्टू
कसने का अभिनय करते
माथ झुकाए

और उस पल तुम सोचते हो
एक पल को सोचते हो
काश! ये मानव-बच्चे नहीं
टिड्डे होते
स्वच्छन्द नभच्छन्द
चाहे झींगुर ही होते मुक्तकण्ठ—
बन्धुआ मजदूर बच्चों की जगह

अनन्त आकाश से घिरी धरती पर
इनके लिए जगह पड़ती न कम

तुम कहना चाहते हो
हाँ, वे बच्चे और वे 'बड़े'
रिश्तेदार तो हैं
पर वह रिश्ता कैसा है यह देखो
उन बच्चों की दुबली देह से
जो रक्तशोषी साइफन लगा है
वह उन बड़के गालों को लाल रखता है
रिश्ता खून का है बेशक!
कि जिस रिश्ते का खून कर देने को
छटपटाता है तुम्हारा जी!

सम्भवपर्व

हाँ, एक अन्धकूप था यह भी
जिसके चौतरफ खड़े-बैठे
झाँक रहे थे बच्चे
क्या गिर गई तुम्हारी गेंद, पूछा
नमितमुख आ रहे द्रोण ने

बीच सड़क पर खुले ढक्कन वाले मैनहोल में
मुट्ठी से छूटकर
गिर गया है इसका सिक्का
कि जैसे ठीकरा हो गहराई की थाह लेता—
नंग-धड़ंग मैले-कुचैले बच्चों में से कहा एक ने
देखा, देखते-देखते दो छलछलाई आँखें
गन्धाते अन्धकूप में ढरका बैठीं दो बून्दें बेशकीमत

एक आह भर अगल-बगल बिखरे तिनकों की ओर ताका द्रोण ने
तृणार्गल बनाने का विस्मृत मंत्र मरोड़ गया हृदय
कि देखा तभी

पहले पैर लटका, फिर दुबली पर मजबूत हथुँगलियों के सहारे झूल
मैनहोल में उतर पड़ा वह बालक
टॉर्च की रोशनी-सा
असूर्य तल में

द्रोण चाहे न बन सके द्रोणाचार्य
विषैले नाग के दाढ़ों से छीनने चला अपना अधिकार
यह कोई अर्जुन है कि एकलव्य?
एक दुर्धर्ष योद्धा भवितव्य निस्सन्देह!
अरे क्या अन्धकूप में ही घुट मरेगा
आज नहीं तो कल
समर शुरू करने से पहले ही?!

गणतंत्र-दिवस

यह इनका गणतंत्र-दिवस है
तुम दूर से उन्हें देख कहोगे

गिनती सीखने की उम्रवाले बच्चे चार-पाँच
पकड़े हुए एक-एक हाथ में एक-एक नहीं, कई-कई
नन्हे कागजी राष्ट्रीय झंडे तिरंगे
लेकिन थोड़ा करीब होते ही
तुम्हारा भरम मिट जाता है
पचीस जनवरी की सर्द शाम शुरू-रात
जब एक शीतलहर ठेल रही है सड़कों से लोगों को असमय ही घरों की ओर
वे बेच रहे हैं ये झंडे
घरमुँही दीठ के आगे लहराते
झंडे, स्कूल जानेवाले उनके समवयसी बच्चे जिन्हें पकड़ेंगे
गणतंत्र-दिवस की सुबह
स्कूली समारोह में
पूरी धज में जाते हुए

उनके करीब
उनके खेद-खाए उल्लास के करीब

और छुटकों में जो बड़का है
बतलाता है तुतले शब्दों, भेद-भरे स्वर में
साठ रुपये सैकड़ा ले
बेचते एक-एक रुपये में
—हिसाब के पक्के!
गिनती सीखने की उम्र वाले बच्चे
गणतंत्र-दिवस-समारोह के शामियाने के बाहर खड़े
जड़ाती रात की उछीड़ सड़क पर
झंडों का झुंड उठाए, दीठ के आगे लहराते :
झंडा ऊँचा रहे हमारा!

कविता से मत मारो

आयोजित है काव्य-पाठ
अलग ही तरह का
सुविज्ञापित अवसर है
हेडगेवार-स्मृति-सन्ध्या
संघी आयोजन है
राष्ट्र-राष्ट्र का शोर है
घनघोर है
उसी में बिजली की तरह तड़क-तमक
कोमल कण्ठों को भरसक रौद्र बनाते
पढ़ेंगे बच्चे वीर रस की कविता
पैर पटकते हाथ चमकाते
खने नीचे खने ऊपर
ताकते
रह-रह घूरते एक शत्रु-कोण में
तनिक टेढ़ी कर गरदन

गोलियों की तरह वे दागेंगे शब्द

और
पुलक से फुलक उठेंगे, कुर्सी में न समाते

एकटक ताकते अभिभावक
नौनिहालों से निहाल

बजेंगी तालियाँ, देर तक
और दूर तक देगा उछाल
उन बच्चों को—एक जोश
हॉल की ठोस छत के बावजूद
आसमान की बुलन्दी में
देश की दुखती देह से दूर
वायवीय राष्ट्र में

उन बच्चों का क्या होगा
वीर रस की कविता-वाचन-प्रतियोगिता में
आरक्त चेहरे के साथ उत्तप्त हथेलियों से
जो गहेंगे पदक—मदक

नहीं, वे
किसी बाल-सेना में तो नहीं भर्ती कर लिये जाएँगे
जबरिया
जैसा हो ही रहा है श्रीलंका में
लिट्टे के सेनानायक
तमिल किशोरों के कान्धे से छीन फेंक बस्ता
टाँगे दे रहे हैं राइफल
कान में राष्ट्र-प्रेम का मंत्र फूँकते

फिर भी
सुनो ध्यान से
जो कहता है यह अदना-सा कवि :
अपने दुलारे बच्चों को
कविता से मत मारो
वे सह नहीं पाएँगे यह भितरघात
जबकि सचमुच वहाँ कविता उपजनेवाली है
उन बच्चों के मन-कोष में—
धरती का सबसे उपजाऊ और अनदुहा टुकड़ा है वह—
बच्चों का मस्तिष्क

जहाँ से तीर की तरह नहीं छुटेगी
जहाँ नीर की तरह भर आएगी
कविता
बशर्ते तुम ऐसा होने दो
—यदि तुम बाज आओ
उनका दिमाग खराब करनेवाले अपने दिलबहलाव से।

किसी की : किन्हीं की

किसी की हुई रहती है पौ-बारह
किन्हीं की पौ फटती ही नहीं
तमिस्राएँ उनकी आकांक्षाओं के जवाब में
उतरती हैं उदयाचल से।

दुखों से जो दग्ध

दुखों से हैं जो दग्ध
दिग्ध होंगे उनके बाण
धनु उठाएँ-भर
समय सिखाएगा शर-सन्धान।

जितनी : उतनी

दिवस-छोरों पर
जितनी उषाएँ हैं
उतनी सन्ध्याएँ हैं—
मनस्-कोरों पर भी।

दुरबन्सिया

स्वर्ग तक पहुँचानेवाली नसैनी
है

वह टिकठी
बगलगीर मणिकर्णिका से बहकर आई
सिन्धिया घाट की एक नदी-नहाती सीढ़ी से लगी
बिथरी हुई एक टिकठी
स्वर्ग तक पहुँचानेवाली नसैनी है एक
परित्यक्त
परमात्मा तक पहुँची मृतात्मा द्वारा

पानी ने
हिलकोरों से
खोल दिये हैं उसके बन्ध
उसके दो समानान्तर बाँस
विलगने लगे हैं एक-दूसरे से
बँसछेद में फँसी खपच्चियाँ खोने लगी हैं एक-एककर
अजीब बात है
कि वे अब तक साथ बचे हुए हैं
अपने ऊपर
अब तक एक शव की बोझिल याद लिये
उसकी चिता की राख
कबकी ठण्ढी हो जाने के बाद भी

अजीब बात
क्योंकि अमूमन
सवारी के उतरते ही
देर नहीं लगती
और शुरू हो जाता है
उनकी प्राण-यात्रा का दूसरा अध्याय

मणिकर्णिका के
महाचिता-ज्वाल की जिह्वाओं से परितप्त
परित्यक्त
गंगा की गैल में
उनका अफसोस धुल जाता है जल्द ही
उठा लिये जाते हैं टिकठी के वे जुड़वाँ बाँस

मल्लाहों के जलथलिया किशोरों में से किसी के हाथों
डाँड़ों में बदलने
बनने
एक तैराक नाव के दो हाथ
ताउम्र

लेकिन क्यों नहीं बढ़ते
उन्हें हसोथनेवाले हाथ?
बगलों से लगे हैं या छाती पर बँधे हैं
या किसी और चीज से नधे हैं
उनसे बेरुख
आखिर क्यों?

क्योंकि
दुबले, नाटे, गाँठ पर बंगड़
हैं वे दोनों बाँस
शायद बँसवट में भी पड़ोसी, एक ही वंश-वंश के
कद लेने से पहले ही उपार लिये गए
अदूरदर्शी एक लालच के हाथों
टिकठी में जोत दिये गए असमय
बाँस बाल मजदूर

तो जरूर
वह किसी दुबले नाटे गरीब
मजदूर का शव होगा
जिसको मजदूरी
काटकर मिलती रही होगी
और जोड़कर गिनती के निवाले
जिसके अनगिन निवाले निगलता गया होगा एक मुटाता बैंक अकाउंट
उसकी माँसपेशियाँ छीलकर
ढाले गए होंगे
सुडौल कंगूरों के उभार

उसकी टिकठी के अभागे बाँस
कौन लिखे उनका वंश-चरित!

भर आईं जाँघें

भादों की बढ़ आई गंगा ने
जलमग्नकर मिटा दिये हैं कितने ही घाट
और नये घाट सिरज दिये हैं
प्रशस्त सीढ़ियोंवाला सिंधिया घाट तो जललीन
लेकिन उस के बगल का
एक सीढ़ी-पथ
सीढ़ियों के मुहाने तक डूबा
घाट बना, गौरवशाली
जितना व्यस्त है उतना आनन्दित इन दिनों

बैठे हैं हम
पत्थर की आसनी पर, एक ओर
गंगा की उत्तालता से आँखें धोते
मन पखारते

कि दिखता है
सीढ़ियों के पार्श्व में
दूसरी तरफ, हमारे सामने
पथरीली जड़ोंवाले एक ज़िद्दी पीपल के तले
घाटमुखी नरसिंह धर्मशाला की खुली छत पर
चलती हुई एक व्यायामशाला
यानी, फेरे जाते मुग्दर
पेले जाते दंड
और लगाई जाती बैठकें अविराम
भरी हुई जाँघों के भर आने तक
सुघड़ देहों के
पसीने से नहा जाने तक

सीढ़ियों पर बीच-बीच में
माथ पर ईंट-पत्थर धूर-चूर से भरी डलिया सँभाले
नीची निगाह किये, तौलते कदमों
उतरते रहते हैं

दिहाड़ी के मजूर
नया बनने की हुमक में अबके बरखा में भसक गए एक मकान का
मलबा ढोते
फेंकते डलिया-भर-डलिया
बगल के खुले-फैले दूहिल उझंख की
सब कुछ समेट लेने वाली उघार उदार छाती पर
और फिर
हाथ में खाली डलिया झुलाते
भारी कदमों
माथ उठाए, जिस पर धरी है मुँडली—
बहुत हल्का महसूस करती आकाश तले—
चढ़ते हैं वे
मजूरे
सीढ़ियाँ
भर आई हैं उनकी जाँघें
पसीना-पसीना है उनकी देह
जिसे हवा लगाते
कभी-कभी उचटती निगाह से
देख लेते हैं वे
उट्ठक-बैठक करते जनों को, मनफेर के लिए
इस से ज्यादा की न उन्हें फुर्सत है न इजाजत
(क्योंकि) सीढ़ियों के उपरले छोर पर खड़ा है मलबे का मालिक
जड़ तक दिनाय-विह्वल जाँघ खुजाता मनोयोग से
फिर भी मन-ही-मन गिनता फेरे।

रेत-खेत में

जहाँ धुआँ होता है वहाँ आग होती है
धूमध्वज है अग्नि
नैयायिकों की अकाट्य सिखावनी
आज भी याद हमें
कि आती याद हमें
गंगा के उस पार

हरियल पिछवाईवाले रेतीले विस्तार में
मजदूर तम्बुओं के सिरहाने
सुलगाई गई एक साझी अँगीठी का धुआँ है वह
उन मजदूरों की जठरागिन का धुआँ
जो हैं उस पार
रात बिताते
दिन बिताते
खँखोरते दिन-भर रेत
बेलचों से भरते
चौड़े पंजर वाली ट्रकों के पेट
वे पेटू ट्रकें जो
लोहे के चींटों की तरह धीरे-धीरे रेंगती
दिखती हैं इस पार से

रेतखोर ट्रकें
आतीं धीरे-धीरे
जातीं और भी धीरे-धीरे
(दुर्गम पथ, दुर्वह बोझ)
वे अधीर ट्रकें
फेरे गिनतीं
रेतवाह फेरे
जिनकी लाई रेत को जज्ब करने के लिए
अधबने मकानों की सम्भावी मांसपेशियाँ कसमसाती हैं
शहर में इस तरफ
जहाँ बसावट की कसावट में फाँफड़ है
'साइट' पर, चौड़ी-सी कुर्सी डाल, पसरे बैठे मोटे ठेकेदार के पीठ-पीछे
कि उसके दीठ-आगे
आ लगी है एक रेत-लद्दू ट्रक
खिरती रेत की एक नामालूम-सी सफेद लकीर कोलतार की सड़क पर
खींचती-उकेरती आई है वह ढद्ढर ट्रक शहर

गंगरेत है वह
बारीक, सफेद, मुलायम
गंगा की उर-उलीची

सूरज की सौंपी प्यास बुझाने के लिए
जो पीती रही है चाँदनी और तारकाभा
पारतट पर पसरी
उन्निद्र निदाघ-निशाओं में
उड़ती फिरती हवाई दिशाओं में
वही गंगरेत
बिता आई अपना उन्मुक्त कैशोर्य
आई जीने एक जिम्मेदार जिन्दगी नागरिक
गंगरेत—वही
भरी जा रही है आज दिन की उसकी आखिरी खेप
रेत-खेत की ओर पीठ किये खड़ी ट्रक में
उस पार
दिन समेटते काम समेटते बेलचों से—क्लान्त होते भी जो जल्दी में
उन बेलचों के बल की परिक्रमा करने के लिए, देखो, मुड़ा है
गदबेर को गढ़ियाता उस अँगीठी का धुआँ
जो सुलगा रखी गई है, तत्पर
उस पार, मजदूरों के खानाबदोश खेमों के सिरहाने
जहाँ आता है, चक्का डूबते न डूबते
बहरी अलंग को, नाव खेता
रतरंगी देह और सँझरंगी आँखोंवाला
वह अधेड़ निषाद—विषाद जिसे छू न गया कभी
टानने बीड़ी, दहक उठी उस अँगीठी से एक अंगारा माँग
लोई थापते मजदूरों को एक देसी पाउच की खुशदिल महकवाले मुँह से बताता
फिर-फिर
कि वही है निषाद जिसके नाम है पट्टा इस पुरकस रेत-खेत का
कि जिसे बूझो तो बस मुट्ठी-भर बलुआह ठीकरों के ही मोल बेच दिया है उसने
दीगर ठेकेदार को
झंझट का काम!
सबको नहीं सहती ठकुराई और ठेकेदारी!

उन तम्बुओं के उठ जाने के बाद
सूना-सूना हो जाता है रेत-खेत के मालिक का जी!
और केवल रेत के खँखोर लिये जाने से नहीं!

उनये हैं सांस्कृतिक मेघ विद्युत्गर्भ

हूटर-शूटर गाड़ियों के साथ जा रहा है अंध वेग में
        लाल-नीली बत्तियों वाला कार-काफिला
उछलकर एक ओर हो, बाल-बाल बचा, सरापा थरथरा रहा है एक पाँव-प्यादा
खिचड़ी बालों वाला वह एक कवि है
        जिसका भुर्ता ही बन जाता अभी तो
उसकी अधूरी कविताएँ अधूरी ही रह जातीं तो भी किसी का कुछ नहीं बिगड़ता

ये ऐसे दिन हैं जिनमें उच्चाधिकारियों को संत कहने का चलन है
'साहेब बाथरूम में हैं' की जगह अब अक्सर सुनने को मिलता है
                        'साहेब पूजा पर बैठे हैं'
साहित्य-कला-संस्कृति के दिन बहुरे हैं प्रदेश में
        जब से शास्त्रीजी राज्यपाल बन आए हैं
मानो मानसूनी हवाओं में उनये हैं सांस्कृतिक मेघ विद्युत्गर्भ
राजभवन सितार की तरह टनकता ही रहता है
राजधानी से दूर भी, सूबे के छोटे-बड़े शहरों में
बाढ़ के पानी की तरह संस्कृति ही संस्कृति दिखाई दे रही है
                उफनाई अखबारों में, इश्तिहारों में
साहित्यिक आयोजनों का तो पूछना ही क्या! स्तर भी औचक बढ़ गया है
महामहिम के केन्द्रबिन्दु पर जुटते महिमाशाली
पंचतारा होटलों के सभागारों में हो रहे हैं किताबों के लोकार्पण
आए दिन साहित्यिक प्रसंग
विचार-गोष्ठियाँ, प्रचार-गोष्ठियाँ
कवि-सम्मेलन भव्य
कि जिनके वातानुकूलित कक्षों से निकलकर
छींकते हैं बेसाख़्ता नगर-रत्न साहित्यकार
जुकाम के अंदेशे के बावजूद बेइंतिहा खुश

ऐसी ही एक गोष्ठी में जा रहा है अंध वेग में
हूटर-शूटर गाड़ियों के साथ लाल-नीली बत्तियों वाला कार-कारवाँ

जल्दी-जल्दी लपकता, खिचड़ी बालों वाला कवि भी वहीं जा रहा है,
        उपरली जेब में निमंत्रण-पत्र सँभाले
        और उपरली जेब के नीचे अभी तक बेसँभाल धड़कता अपना दिल।

कुबेर की बेर

कहा न, साहित्य की तो सरगर्म है दुनिया इन दिनों
संस्कृति की बन आई है
लगभग हर दिन एक-न-एक भव्य गोष्ठी, नव्य बैठकी—पंचतारा वैभव वाली

एक मनखिलावन खबर नगर में गश्त कर रही है आजकल
कुबेर काम्प्लेक्स में सुलभ हुआ है एक सभाकक्ष, साहित्यिक गोष्ठियों के लिए ख़ास
आएँ अब कवि-लेखक वक्तागण प्रवक्तागण
शब्दशूर सब आएँ
शहर के केंद्रस्थल पर ही गोष्ठी जमाएँ
पेप्सी-पिपासा शमित करें
जनता को भ्रमित करें

सुना है, बन रही है तालिका
नगर के लिखनिहारों की
सुना है, उपद्रवी तत्त्वों की शिनाख़्त कर ली गई है
उनसे सख़्ती से निपटा जाएगा
सुना है, मूर्धन्य ण का अपना उच्चारण
दुरुस्त करने का अभ्यास शुरू कर दिया है समझदारों ने

आखिर कुबेर काम्प्लेक्स में घुसना है—फूली हुई जेबों के बगैर
कुबेर काम्प्लेक्स—नवनिर्मित एक मुसल्सल वातानुकूलित बाजार
नगर की क्षितिज-रेखा को बींधती एक भयावनी सुहावनी इमारत—
जिसके पेट में लील ली गई, कभी यहाँ सकरुण फैली
चिन्तक-साधक-लेखक पंडित गोपीनाथ कविराज की सौम्य रिहाइश।

सारनाथ के प्रांगण में

सारनाथ के
प्राचीन विहारावशेष के प्रांगण में
उतरते ही

प्राचीनता का एहसास
पैरों से लिपटता है
जैसे पालिथिन का खाली लिफाफा हो दिग्मूढ़
हाथों से/के छूट जाने के बाद
आदमी के पाँवों से लिपटता हुआ
उधियाता पालिथिन हो—प्राचीनता
वहाँ, सारनाथ के भग्नावशेष-वक्ष पर
किसी और ही काल का वायुमण्डल व्यापता हो जैसे
भर आता हमारे वक्ष में
कि जिसके एक समकालीन कोने में
दीखा था
मगन, मशगूल बैठा हुआ एक प्रेमी युगल
प्रेम को धक्के देने और धकियानेवाले शहर से
दूर
एक प्राचीनता की किनारी ने उन्हें शरण दी थी
कि वे स्वाधीन साँसों का एक नगर बसा सकें—
अवलोकितेश्वर की आँख के तले
एक टूटे हुए अशोक-स्तम्भ की अभयदायिनी निगरानी में—
थोड़ी देर वहाँ
जहाँ छूट जाता है
उनके उठकर चले जाने के बाद
धीरे-धीरे बिलाता हुआ
जल-बिम्ब
जहाँ बैठी थी सजल आँखोंवाली वह
प्राचीन ईंटों के रंग की नवयुवती
सारनाथ के विहारावशेष के प्रांगण में, जहाँ
उन प्राचीन ईंटों के टटके तचे होने से भी पहले
कभी-कभी मृगया के लिए आनेवाले रथ-चक्रों की जगह
धर्म-चक्र-प्रवर्तन से भी पहले

मृगदाव था
व्यतीत कुलाँचों से कम्पित था जिसका आकाश
भीता हिरणियों की आयत आँखें
जहाँ छूट गई थीं
अनस्तित्व के बावजूद

—जिनके अस्तित्व को
ताजा कर-कर जाती थीं
मीत के साथ, डरते-डरते भी, नगर से निकल आई
नवयुवतियाँ
रह-रह अगल-बगल हेरती बैठतीं
भर-दोपहर सारनाथ के नागरिक एकान्त में।

लल्लापुरा से लौटती बेर

सुबह का निकला
दिन भर में उधड़ा
लौटता लल्लापुरा होकर
बुनकर गलियाँ
बुन कर रख देती हैं
चलती राह
करघों की लयबद्ध खटरखट्ट से

आगे-आगे
दुलकते दौड़ रहे हैं
बच्चे तीन
ज़री का भरम देती चमकीली पन्नी की पूँछ लगाए
बड़का मँझला छुटका—तीनों के तीनों हैं
बेटे सलीम इक्कावान के
साँझ करियाते सुस्ताता है जिनका इक्का घर के आगे
भूसा-चोकर का तोबड़ा लटकाए नतग्रीव घोड़े के पड़ोस में
रह-रह पूँछ हिला जो
उड़ाया करता मक्खियाँ दूर, बुलाया करता बड़कू मँझलू छोटू को करीब
अपनी अधेड़ जिन्दगी के दायरे में
जब उसके पास थकान से ज्यादा होता इत्मीनान
नोक्ते से आजाद—चितवने की सुविधा, मितवने का मन
खरहरे को आने से पहले झँगोले पर पीठ लम्बाए सलीम के पीठ-पीछे
कि जिसकी नकल में
आगे-पीछे दुलकते दौड़ रहे हैं

ज़री का भरम देती चमकीली पन्नी की पूँछ लगाए
तीनों बेटे सलीम इक्कावान के
सलामत रहें
सड़क की तरह सामने खुलते भविष्य में
कि इक्का-दुक्का दिखते इक्के भले ही पोंछ दिये गए हों जहाँ से
बकौल निराला 'मानव जहाँ बैल-घोड़ा' होगा ही
—एक असीस उछलती है राह चलते भीतर से और हलक में अटक जाती है।